LA ESCALERA

DE LA

PREDICACION

LA ESCALERA
DE LA
PREDICACIÓN

FLOYD WOODWORTH

La misión de Editorial Vida es ser la compañía líder en comunicación cristiana que satisfaga las necesidades de las personas, con recursos cuyo contenido glorifique a Jesucristo y promueva principios bíblicos.

LA ESCALERA DE LA PREDICACIÓN
Edición en español publicada por
Editorial Vida – 1974
Miami, Florida

©1974 Por Editorial Vida

Diseño de cubierta: *Pixelium Digital Imaging, Inc.*

ISBN: 978-0-8297-0549-2

CATEGORÍA: Vida cristiana / Predicación

CONTENIDO

CONTENIDO

INTRODUCCION

Se pretende con este estudio ayudar al adulto que por primera vez intenta preparar lógicamente sus sermones. Se ha escrito pensando en los laicos de la iglesia local y en los estudiantes de primer año del Instituto Bíblico. Se ha buscado eliminar la mayoría de las palabras y procesos técnicos de la homilética para dejar solamente lo más básico y práctico.

Al final de cada capítulo se ofrecen sugerencias de tareas. De antemano se sabe que no todas van a ser apropiadas para cada grupo de alumnos. El propósito de incluir estas tareas es de dar ideas y ayudar al profesor si busca sugerencias. Como la homilética es una materia en la cual es imprescindible la práctica, el profesor se verá obligado a dar a los alumnos una abundancia de tareas. Si tiene a bien utilizar algunas de las mencionadas en este estudio, está en completa libertad de hacerlo. Si ve otras maneras de ayudar al estudiante a adiestrarse en la preparación de mensajes lógicos y efectivos, para eso lo tiene Dios.

He descubierto que sirve de ayuda a los alumnos la entrega de un formulario, o sea una planilla, en que preparar sus bosquejos de mensajes. En dicho formulario, se le pide al alumno que indique cuáles son los cuatro factores principales de su mensaje (los cuatro largueros de este estudio). Es decir, debe escribir quiénes han de ser los oyentes, el propósito, el tema y el texto.

Tengo una enorme deuda de gratitud con mis inolvidables estudiantes que a través de los años han tenido que sufrir conmigo. Juntos hemos aprendido. Sus abnegados esfuerzos a favor del reino de Dios me inspiran. Esta obra es en gran parte del producto de nuestras labores mancomunadas.

Agradezco con el alma a los que han leído los borradores de este estudio y han hecho aportes valiosos al producto final: Avelino Avendaño, Guillermo Arango, Carlos Quintanilla, Melvin Hodges, mis colegas de PEC y EDAD.

f. w. w.

Medellín, marzo, 1973

1

¿Quiénes hacen falta?

CAPITULO I

¿QUIENES HACEN FALTA?

¿Qué características de los días actuales se van a ver en la época de la segunda venida de nuestro Señor?

¿Qué indicaciones ve usted en la actualidad de los preparativos para el gobierno del anticristo?

¿Quiénes son los que van a llevar a cabo la misión de "ir por todo el mundo y predicar el evangelio a toda criatura"?

Don Pompilio y su hijo tenían en sociedad una finca con terrenos especiales para el trigo. Trabajaron arduamente en la preparación de la tierra. Llevaron a cabo la siembra con entusiasmo pensando en una amplia cosecha. Pero tanto se esforzó el hijo que se enfermó y murió. Siguió trabajando Don Pompilio, apesadumbrado. No quería perder lo que se había invertido. Al fin llegó el momento en que el trigal se veía hermoso. Había espigado y se veía blanco. Contrató el anciano a algunos trabajadores para que empezaran la cosecha. Salió al campo con ellos para

ayudar. En una pausa, se enderezó. Pronto estaría asegurado lo que le había costado lo indecible. Pero, ¿qué era lo que veían sus ojos? ¿Sería posible que tantas nubes se acumularan en tan pocos minutos?

Corrientes frías y fuertes azotaban sus mejillas. ¿Pisotearía una granizada sus esperanzas e ilusiones? ¿Que haría? Corrió a donde un grupo de personas estaban sentadas al lado de una cerca. ¿Podrían ayudar, por favor? Alegaron que no tenían experiencia como los que trabajaban en el trigal. Pero el anciano insistió. Que hicieran lo que pudieran. No había tiempo que perder.

Esta parábola se puede comparar con la cosecha de almas antes del gobierno del anticristo. Debemos preocuparnos porque se salve la cosecha que ha costado tanto a nuestro Dios y a su Hijo. Hay señales de un cataclismo. Se puede perder la inversión. No es hora de pensar ni de esperar —hay que poner manos a la obra. Con miedo o sin miedo. Todos — pastores, laicos, ancianos, jóvenes. Tenemos que redoblar nuestros esfuerzos por la evangelización del mundo. Al contemplar las multitudes que todavía no comprenden el plan de Dios para sus vidas, y otras cantidades que necesitan más enseñanzas sobre la Palabra Viva para poder crecer en las cosas espirituales, nos damos cuenta de que hemos llegado al momento en que hay que trabajar desesperadamente.

La expansión fenomenal del evangelio durante el primer siglo no se puede atribuir a un solo hombre. Inmensas cantidades de creyentes aportaron lo que podían. Veamos el caso del capítulo ocho de Hechos. En el primer versículo dice que "todos fueron esparcidos . . . salvo los apóstoles." Luego en el versículo cuatro vemos que "los que fueron esparcidos iban por todas partes anunciando el evangelio". Sigue la narración hablando de un diácono que predicaba en la ciudad de Samaria. En la versión *Dios Llega al Hombre* se emplea la palabra "predicaban" en vez del vocablo "anunciando" que se usa en la versión Reina

Valera. El plan divino y normal es que todos seamos predicadores para que el evangelio sea esparcido por todas partes.

¿Por qué no encomendó Dios esta tarea de la predicación a los ángeles? Ellos son más fieles y mucho más capacitados. La pregunta no tiene respuesta. Lo único que vemos en la Biblia es que la misión fue encargada a los hombres. No cabe duda de que el Padre ama al mundo y desea que cada habitante oiga las buenas nuevas. Pero en sus decretos eternos Dios designó que el barro se encargara de esta misión. Diremos que eso no tiene sentido, pero así es. ¡Ay de nosotros si no predicáramos el evangelio!

El que predica necesita dirección. Debe buscar una dotación especial del Espíritu Santo. Pero a la vez tiene que recordar que la tercera persona de la Trinidad no lo hace todo. En este plan misterioso hay lugar para que el hombre ponga algo de sí mismo. El Omnipotente se vale de instrumentos que tienen voluntad propia. Estos instrumentos pueden hacer algo para acondicionarse a sí mismos.

Es con ese fin de acondicionarnos, de afilarnos, que estudiamos la homilética. Este vocablo significa el arte de preparar y predicar un mensaje bíblico. Es el análisis de lo que puede hacer el mismo hombre para presentar mejor el santo y eterno evangelio de salvación.

Aunque vamos a dedicar mucho tiempo hablando de los esfuerzos humanos en la predicación, no podemos olvidar que es una obra espiritual. Es una cooperación entre Dios y el predicador. Sería absurdo que una hoz, después de quedar bien afilada, dijera que ya no necesitaba de la mano del

agricultor para trabajar en la cosecha. Vamos a pensar en este estudio cómo se puede organizar la preparación de los mensajes y qué esfuerzos humanos serán de valor en el proceso. Pero a la vez hemos de tener presente que sin Cristo no podemos hacer nada. Hay que hacer una determinación de aprovechar el estudio hasta el máximo, pero también de acercarnos a Dios para que recibamos la unción divina en nuestra predicación.

Cuando se predica el evangelio, se eleva al oyente para que pueda alcanzar la fruta que ofrece la Biblia. Durante este estudio vamos a comparar la predicación con una escalera. Los peldaños por los cuales el auditorio puede ir subiendo hasta alcanzar la fruta serán los puntos del sermón. El constructor de la escalera es el predicador que prepara las piezas para armarlas, haciendo una escalera fuerte. Veamos cómo es.

TAREAS Y ACTIVIDADES

1. Hacer un estudio de los casos bíblicos en los cuales Dios usó de mensajero a una persona "laica".

2. ¿Qué ejemplos modernos puede usted dar de un laico a quien Dios haya usado grandemente en la propagación del evangelio?

3. Averigüe el aumento de habitantes que ha habido en su país en el último lustro, y el aumento de creyentes que ha tenido su iglesia. Después, conteste las preguntas siguientes:

   a. ¿Cuál es el porcentaje de aumento de los habitantes del país?

b. ¿Cuál es el porcentaje de aumento de creyentes de su iglesia?

c. ¿Cuál de los dos porcentajes de aumento es mayor?

d. ¿Cuáles recomendaciones haría usted a su iglesia para que crezca más en el próximo lustro?

4. Conteste por escrito las tres preguntas con que comienza el Capítulo II de este libro.

BOSQUEJO DE LOS CAPITULOS DE "LA ESCALERA DE LA PREDICACION"

I. **LA NECESIDAD DE QUE CADA CREYENTE SEA OBRERO EN LA COSECHA**

  A. La urgencia del momento

  B. Todo creyente predicaba en el siglo primero

  C. La tarea de predicar no fue encomendada a los ángeles

  D. Los dos recursos para el que predica

  1. La dotación del Espíritu Santo

  2. La preparación humana

    a. Importante pero inútil sin la obra del Espíritu Santo

    b. Una explicación en cuanto a este estudio

2

Los cuatro largueros

CAPITULO II

LOS CUATRO LARGUEROS

¿Por qué se predica el evangelio?

¿En qué debe pensar primero el que va a preparar un mensaje?

¿Por qué será que fácilmente se recuerdan algunos mensajes mientras que cuesta trabajo traer otros a la memoria?

A. *El primer larguero: los oyentes.*

Muchas personas en el país se dedican a diseñar y a construir escuelas. Otros trabajan de tiempo completo en la coordinación del trabajo de los profesores. El gobierno emplea a todas estas personas, no por una preocupación de crear más empleos, sino porque está interesado en un grupo de ciudadanos—en los que necesitan prepararse. No hay valor alguno en tener edificios bonitos y profesores bien adiestrados si no hay alumnos que necesitan aprender. Desde el Señor Ministro de Educación hasta el empleado más humilde, la tarea de todo el personal del Ministerio de Educación es guiar a los alumnos en el laborioso pro-

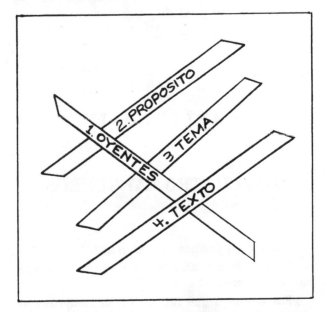

ceso de prepararse para hacer frente a la vida.

Es lo mismo con los que predican el evangelio eterno. Dios no los comisiona para lanzar discursos conmovedores para que el mundo los aclame por su elocuencia. Cristo tampoco dio la orden a sus seguidores de ocuparse en la predicación para crear un nuevo frente en la guerra contra el desempleo. Hay que predicar porque hay personas necesitadas. La atención está sobre el mundo que ignora las verdades transcendentales de Dios. ¿Cómo se le puede ayudar para alcanzar estas verdades? Démosle una escalera.

El primer paso en la construcción de una escalera para que el oyente alcance la fruta de las verdades divinas es pensar en el mismo oyente —en su formación, en su ambiente, y en sus ne-

cesidades. La predicación forzosamente tiene que
girar alrededor de los que escuchan. Por muy bonito que se hable, si no entienden los oyentes o si
no se dice nada que afecte la vida de ellos, no se
ha hecho nada. ¿Qué pensaría usted de un pes-
cador que saliera a pescar sin pensar en qué clase
de peces busca? ¿Qué edificio será el que traza un
arquitecto sin pensar en las personas que lo van
a ocupar? ¿Qué diríamos de un veterinario que
sale por la mañana a trabajar sin saber si va a
curar caballos o conejos?

Cada libro de la Biblia se escribió pensando
en cierto grupo de personas que tenían necesidades específicas. Los pasajes de las Sagradas Escrituras fueron dirigidos a pueblos determinados
con propósitos claros. Cada evangelio fue escrito
a un pueblo diferente con culturas y filosofías
diferentes. Jeremías no salió a predicar a los habitantes de Jerusalén sin pensar en sus problemas
peculiares. Cuando escribió a los israelitas cauti-
vos en Babilonia, habló de problemas que tenían
ellos y les habló en un lenguaje que entendían
ellos perfectamente.

Es inútil ponerse a preparar un mensaje sin
tener algún grupo de personas en mente. Hay que
pensar en las circunstancias especiales de los que
probablemente formarán el auditorio. ¿Dónde viven? ¿Dónde trabajan? ¿Qué preparación han recibido? ¿Qué conocimientos tienen de la Palabra
de Dios? ¿Qué aspiraciones abrigan? La capacidad intelectual y la cultura de los oyentes de-
terminarán el vocabulario que se emplea en la
predicación. Los intereses de los concurrentes de-
cidirán la forma del desarrollo del tema. El medio

ambiente en que viven proveerá las ilustraciones.

¿Ve la importancia de pensar en los oyentes desde el comienzo de la preparación del mensaje?

B. *El segundo larguero: el propósito del mensaje.*

¿Sabe usted de alguno que se haya dedicado a construir una fábrica sin tener en mente qué se iba a producir? Cabe dentro de lo posible que tal edificio fuera de alguna utilidad, pero también puede ser que ninguna empresa tenga deseo de ocupar la planta construida debido a que las medidas son inadecuadas para acomodar la maquinaria o que las piezas no están bien distribuidas de acuerdo con las necesidades de la compañía.

¿Podríamos decir que Cristo vino al mundo sin propósitos definidos? ¿Llegaría a la tierra en viaje de exploración para tantear un poco el ambiente? El mismo declaró que había terminado la obra que Dios le encomendó. Juan 17:4. Tuvo propósitos claros cuando se encarnó para vivir entre los hombres.

De suma importancia es, pues, tener el segundo larguero de la escalera preparado antes de pensar en los peldaños. Si se quiere hacer efectiva la predicación es imprescindible hacer la pregunta: ¿Con qué propósito o propósitos se va a presentar este mensaje? Cuando está determinada la meta, inevitablemente quedará el mensaje más claro. Se eliminarán muchos rodeos de segunda importancia. No se presentarán cantidades de ideas sueltas a la congregación hasta el punto de confundirla más. ¿Se atrevería usted a subir una escalera a que le faltara un larguero? Déle importancia, pues, al propósito de su mensaje.

Absolutamente necesario es expresar por escrito el propósito que ha fijado para el mensaje.

Muchos dirán que no es para tanto, que tienen en la mente una idea de su propósito, que saben perfectamente por qué van a dar el mensaje. La experiencia, sin embargo, ha demostrado que no sale así en la práctica. Creemos que sabemos, pero cuando empezamos a escribir vemos que no está tan claro en el papel lo que parecía nítido en la mente. Hay algo casi misterioso —un poder— que se desenlaza cuando uno escribe en un papel sus ideas. Es que se escribe con más lentitud de lo que se piensa y el hecho de examinar cada palabra con más calma y leerla varias veces da como resultado un análisis más juicioso del pensamiento. Hay que disciplinarse, pues. Escriba su propósito y después de hacerlo, vaya preguntándose durante todo el proceso de la preparación que si cada parte del mensaje va a contribuir a realizar el propósito fijado. Si no, hay que descartarla por muy interesante que sea.

Cuando no se tiene mucha experiencia en la redacción de un propósito para un mensaje, la tendencia es poner como meta algo muy generalizado. Se ve con frecuencia en los trabajos de estudiantes algo así: "Enseñar más de la Biblia." A veces escriben: "Dar un estudio de doctrina." El problema con tales propósitos es que la meta final encierra tanto que no se sabe específicamente qué se desea hacer en treinta minutos. "El que mucho abarca poco aprieta." Es necesario, obviamente, lograr que el oyente sepa más de la Biblia. Pero el problema es decidir qué parte de esa Biblia profunda se desea impartir en una sola ocasión.

Hay que formularse otra consideración en la determinación de una meta para el mensaje. No

es cuestión de aprender una enseñanza para aña-
dirla a la colección que ya se ha hecho, sino también de efectuar un cambio práctico en la vida.
Tantas personas hay en el mundo que han oído
mucho de la Biblia y ya saben de doctrina pero
sus vidas no dan evidencia de una obra verdadera
de Dios. No es cuestión solamente de hacerle ver
a un enfermo que hay una medicina para su mal,
sino inspirarle a tomarla para que se alivie. Nuestra meta es, por lo tanto, que el auditorio aprenda
más de la Biblia y a la vez que aplique las enseñanzas específicas a sus vidas para efectuar las
transformaciones necesarias.

Para poder determinar el propósito del mensaje habrá que contestar algunas preguntas. ¿Qué
necesidades espirituales tienen los que van a oír?
¿Necesitan tener un encuentro personal con Cristo? ¿Les falta ejercer la fe cuando se les presentan los problemas prácticos de la vida? ¿Se ha
hablado últimamente sobre la orden que dio Cristo de que sus seguidores se amasen los unos a los
otros? ¿Han recibido el poder del Espíritu Santo
para ser testigos? ¿Aguardan con paciencia la
venida del Señor?

Claro que el Espíritu Santo sabe más que nosotros, y habrá ocasiones especiales cuando nuestra
sabiduría tan limitada no alcanza a entender la
necesidad más grande del auditorio. Siempre tenemos que aprender a seguir la dirección del Santo
Espíritu en nuestra preparación aun cuando no
entendamos por qué nos impresiona con alguna
porción de la Biblia. Pero en muchos de los casos
al mantenernos en comunión con Dios, él nos da
luz sobre la situación espiritual del pueblo y nos
hace ver sus necesidades específicas.

No perdamos tiempo en rodeos y generalidades sino fijemos metas concisas y claras. Tengamos estos propósitos presentes durante todo el proceso de la preparación y mientras predicamos. Al llegar al final del mensaje se podrá hacer un llamado inequívoco a los oyentes para que apliquen la Palabra a sus vidas.

¿Puede imaginarse ahora la diferencia tan grande entre el mensaje preparado por un predicador que sabe claramente lo que pretende, y uno preparado sin meta específica?

C. *El tercer larguero: el tema.*

Se habla mucho de temas, pero a veces sin tener una idea precisa y exacta de lo que es un tema. Se puede decir que el tema es el asunto del mensaje. Es la verdad central que se expresa en palabras breves. Aunque un libro tenga 700 páginas, si está bien escrito se podrá decir en una sola frase de qué se trata.

El mensaje que de veras es efectivo tiene un solo tema. El predicador principiante a veces tiene la tendencia de "pasear" por la mitad de la Biblia, saltando de un tema a otro. El oyente en tal caso recibe muchas verdades preciosas pero le cuesta retenerlas. El resultado es que no recuerda nada. Para el predicador, además, es mil veces más fácil preparar un mensaje que tiene un solo tema.

El gran problema es tomar la decisión sobre qué tema emplear. La Biblia presenta grandes cantidades de enseñanzas, pero, ¿cuál se ha de escoger como tema para el mensaje que hay que preparar para la semana próxima? Ya hemos dicho que el mensaje se prepara pensando en la necesidad de los oyentes. Esto incluye la selección de un tema. Hay dos asuntos más que pueden ser considerados para llegar a una decisión sobre cuál tema presentar: la ayuda del Espíritu Santo y la necesidad de variar el tema.

Hay que buscar la dirección del Santo Espíritu. Dios sabe, lógicamente, mucho mejor que nosotros el tema que más necesitan los que van a escuchar el mensaje. El desea impresionarnos con la idea que está dentro de su divina voluntad para la ocasión. Es de suma importancia, por lo tanto, que se busque a Dios con todo el alma antes de empezar la preparación del mensaje. Continuamente debe haber una plegaria en el corazón de que Dios le ayude a conocer su santa voluntad.

Hay que presentar temas variados. Para lograr la salud física la alimentación debe ser variada, o sea balanceada. De la misma manera el creyente necesita alimentarse de diferentes enseñanzas para tener vigor espiritual. Otro motivo de buscar

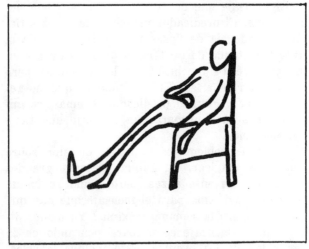

cambios de temas es la necesidad de evitar la monotonía. El oyente aburrido poco beneficio saca del mensaje.

No se debe confundir el tema con el título. El tema es el asunto de que trata el mensaje. Es la verdad central del sermón. El título, en cambio, es una frase que encierra el tema pero tiene como propósito llamar la atención e interesar a la gente en lo que se va a presentar. El título tiene gran importancia en un mensaje que se va a publicar en forma escrita. Pero para un mensaje predicado pierde ese valor. En vano anuncia el predicador un título ingenioso y gracioso si no sigue con un mensaje interesante y bien desarrollado. Y si el mensaje está bien desarrollado, de por sí llamará la atención y tendrá cautivo al oyente. Cuando se presenta un título, se levanta cierta barrera sicológica entre el predicador y el oyente puesto que se acostumbra presentar un título solamente en una situación estructurada y formal. La verdad es que no necesitamos buscar barreras para presentar la Palabra Divina.

¿Cuáles son los tres largueros que hasta aquí hemos mencionado que hacen falta en el comienzo de la preparación de una buena escalera? Hay que tener presente quiénes formarán el auditorio, hay que decidir qué se va a pretender con el mensaje, y hay que escoger el tema.

D. *El cuarto larguero: el texto.*

Casi podemos comenzar a armar la escalera. Lo único que falta es buscar el texto. La palabra "texto" no es una que se oye todos los días en la calle. Pero sí tiene gran importancia en el mundo de la literatura. Cuando se habla de un texto para un mensaje, se refiere al pasaje bíblico que trata o apoya el tema. El texto es el eje del mensaje. Todo debe girar alrededor de la porción escogida de la regla de fe. Sin el texto, el mensaje sería como cualquier otro discurso. Pero como el predicador tiene la misión de presentar lo que dice Dios, el texto llega a tener una importancia primordial.

¿Cómo se hace para escoger el texto apropiado? Veamos tres cosas que deben influir en la selección: 1. Debe servir de apoyo para el tema escogido. Repetimos que hemos de anunciar lo que dice Dios, no lo que pensamos nosotros. Si el tema no está fundamentado en la Palabra de Dios, no hay por qué gastar tiempo hablando sobre él.

2. El predicador debe entender bien el texto. ¿Cómo podrá explicar a otros lo que él mismo no acaba de entender? Ha habido casos, sin embargo, en que un predicador ha tomado como texto una porción profunda y difícil de explicar, con el resultado de que nadie entendía claramente la verdad divina. Habiendo tantos textos claros en la Biblia, no hay ninguna necesidad de escoger una porción que dé problemas al predicador.

3. Antes de tomar la decisión final sobre el texto, hay que examinarlo a la luz del contexto. De no hacerlo, puede caer en errores de intrepretación. Muchas de las sectas falsas aumentan la confusión por no interpretar unos textos a la luz del contexto.

¿Cómo se puede explicar lo que es el contexto? Es todo lo relacionado con el texto. Es lo que lo precede o lo sigue. En cierto sentido es el fondo inmediato del texto. Podríamos decir que es el hilo completo de la historia o de las enseñanzas que encierran el texto.

Muchos son los ejemplos que se pueden ofrecer para ilustrar cómo se cambia la idea cuando se arranca un texto de su contexto. Miremos un caso. Algunos citan II Corintios 3:17 para justificar la falta de orden en un culto. Dicen que Pablo afirma que si uno tiene el Espíritu del Señor, tendrá libertad de hacer lo que sienta hacer sin que nadie le llame la atención. Pero hay que preguntarse que a qué libertad se refiere Pablo en este versículo. ¿Será la libertad de hacer lo que uno quiere? Si leemos cuidadosamente el capítulo tres vemos que el tema general es una comparación entre el pacto antiguo y el nuevo. En ninguna parte hace Pablo mención del orden en el culto como lo hace en I Corintios 14. El contexto nos hace ver que la libertad en este caso se refiere a la que da el nuevo pacto, que ya no hay obligación de estar bajo la servidumbre de la ley antigua.

Otro caso es I Corintios 2:9 que dice que "el ojo no vio ni han subido en corazón del hombre las cosas que Dios ha preparado para los que le aman." Allí termina el versículo 9 y allí mismo ponen muchas personas un punto final. Llegan a la conclusión de que no tenemos la más mínima idea de lo que Dios nos tiene preparado. Pero San Pablo no dice eso. Hay que seguir leyendo en el próximo versículo para captar una idea más exacta. "Dios nos las reveló a nosotros por el Espíritu . . ." Cuando el versículo 9 se analiza a la luz del versículo 10 se da la idea opuesta a la que se capta al leer solamente el versículo 9.

Una gran ayuda en la búsqueda de un texto es la concordancia, la cual es un libro que provee una lista o índice de las palabras y temas que aparecen en la Biblia. Si uno ve la necesidad de enseñar sobre la fe y no encuentra el pasaje bíblico que le satisface, podría buscar la palabra "fe" en la concordancia. Muchas veces la concordancia misma le sugiere otras palabras parecidas que posiblemente se emplearán en el texto preciso que se necesita. En la breve concordancia que está al final de algunas Biblias de la revisión de 1960, por ejemplo, si uno busca la palabra "fe", encuentra que le sigue una letra "v". Esta abreviatura quiere decir "véase". En este caso, se sugiere que se busquen las palabras confianza, creer, fidelidad, obediencia y seguridad, todas las cuales dan en cierto sentido una idea de la fe. Buscando todos los textos en que se emplean estas palabras, uno ya tiene una gran variedad de la cual escoger el texto más adecuado para la ocasión.

No se debe dejar la impresión de que el texto nunca se puede escoger hasta no determinar los otros tres factores mencionados ya, es decir, hasta no escoger los otros tres largueros. El tema y el propósito se seleccionan por regla general antes del texto, pero no siempre. Dios en ocasiones le impresiona a uno con la necesidad de predicar sobre un texto en particular y después el mensajero trabaja buscando el tema de tal texto y el propósito con que se ha de presentar. En cuanto al orden de la selección de los largueros aquí sugerido, el predicador no debe esclavizarse. Esto es cierto con relación a cualquier regla de la homilética. Estudiamos estas cosas para orientarnos y ayudarnos, pero no para dictar al Espíritu Santo lo que se debe hacer en un momento dado. Al fin y al cabo, la homilética es una guía confeccionada por el hombre y no es la voz de Dios.

A veces el mensaje tiene el apoyo de un solo pasaje bíblico, pero hay ocasiones en que cada punto principal del mensaje lleva su propio texto. Esto depende de la clase de mensaje que se piensa presentar. Un mensaje doctrinal muchas veces tiene más de un texto.

TAREAS Y ACTIVIDADES

1. Explique lo que le puede suceder a un oyente que no entiende lo que dice el predicador.

2. Muchos estudiantes necesitan adiestrarse para poder sintetizar un escrito o un párrafo de un versículo. Exprese en pocas palabras el tema central de cada versículo que a continuación se indica:

a. Mateo 16:18
b. Mateo 8:11
c. Ezequiel 36:27
d. Ezequiel 2:6
e. II Crónicas 6:18
f. I Pedro 2:5
g. I Juan 1:9
h. I Pedro 5:2
i. Hechos 10:38
j. Hebreos 4:15
k. Gálatas 2:20

3. Examine con cuidado el contexto del texto para poder interpretar la idea indicada en cada caso.

a. I Corintios 3:16, 17. ¿A qué se refiere la palabra "templo"?

b. Filipenses 4:13. ¿A qué se refiere la palabra "todo"?

c. Juan 6:56. ¿A qué se refieren las palabras "mi carne y mi sangre"? (El versículo 63 es parte del contexto.)

d. Juan 17:21. ¿Cómo es la unidad entre Cristo y el Padre? ¿Qué ayuda da la palabra "uno" en la segunda parte del versículo al decir "que también ellos sean uno en nosotros"?

e. Hebreos 12:1. ¿Quiénes son los testigos que nos rodean?

f. Gálatas 6:6-10. ¿Cuál es la idea del pasaje? ¿Qué tema se trata en el versículo 6?

g. Lucas 11:1-13. ¿Qué enseñanzas dio el Señor en respuesta a la petición de 11:1?

4. Haga los ejercicios A, B, C, D que aparecen a continuación:

A. Buscar los textos siguientes, leerlos ante la clase, por turno, y escoger en cuál de las circunstancias citadas a continuación sería más propio cada uno como texto de sermón.

1. Lucas 2:10, 11
2. Gálatas 5:1
3. Juan 14:1-6
4. Marcos 16:15
5. Romanos 6:23
6. Juan 2:1, 2
7. Juan 8:32-36
8. I Pedro 2:2
9. Santiago 5:14
10. Malaquías 3:10, 11

a. Usted tiene que predicar en el servicio fúnebre para uno que era fiel cristiano.

b. Los hermanos son muy pobres y usted quiere ayudarles a encontrar prosperidad material.

c. Tiene que dar un mensaje breve en una boda.

d. Tiene que dar un mensaje breve en el programa de Navidad.

e. Es tiempo de fiestas patrias y tiene que predicar en un culto donde la mayoría de los oyentes son pecadores.

f. Predicará en un culto para cristianos durante las fiestas patrias.

g. Va a tener un culto especial de oración por los enfermos.

h. Hay muchos nuevos convertidos cuyo crecimiento en el Señor usted desea.

i. Usted está predicando en un campo nuevo donde no han escuchado el evangelio antes.

j. Usted está convencido de que Dios quiere que se abran nuevos puntos de predicación alrededor de su iglesia.

B. Para los textos dados en la columna a la derecha, escojan los temas correspondientes de la columna a la izquierda.

1. La oración.   a. Juan 3:16
2. La cosecha inevitable. b. Lucas 11:1
3. ¿Sueldo o regalo?   c. Juan 14:1-6
4. Un hogar celestial.   d. Gálatas 6:7
5. El amor de Dios.   e. Romanos 6:23

C. Sugieran otros títulos que podrían usar para los mismos textos dados en B.

D. Si hay tiempo tengan algunos testimonios sobre la dirección de Dios en la selección del texto para el mensaje, y hagan oración por su dirección constante.*

5. Contestar por escrito las tres preguntas con que comienza el capítulo III de este libro.

Bosquejo de los capítulos

La escalera de la predicación

II. LOS CUATRO FACTORES QUE SE DETERMINAN EN EL COMIENZO

A. La identidad del auditorio
 1. La verdadera finalidad del mensaje es ayudar al oyente
 2. La necesidad de pensar en el oyente
 3. Los escritores de la Biblia escribían pensando en las personas que habían de recibir sus mensajes

B. Un propósito para el mensaje
 1. Cristo tuvo propósitos definidos en su ministerio terrenal
 2. Ayuda a lograr más claridad
 3. Se debe expresar por escrito
 4. Debe ser concreto y específico
 5. Debe pretender efectuar cambios en la vida del oyente
 6. Algunos factores que se deben tomar en cuenta

---

*Guía para el estudio. Homilética I. Luisa Jeter de Walker. (Adaptado.)

C. Un tema
   1. Definición del término
   2. Debe haber uno solo
   3. Factores que deben influir en la selección
      a. La necesidad de los oyentes
      b. La dirección del Espíritu Santo
      c. La importancia de la variedad
   4. La diferencia entre el tema y el título

D. El texto
   1. Definición
   2. Factores que se han de tener presentes
   3. Ayudas en la búsqueda de un texto
   4. El momento adecuado para su selección
   5. La posibilidad de un texto para cada división principal

3

Los peldaños principales

CAPITULO III

LOS PELDAÑOS PRINCIPALES

Los puntos principales

¿Para qué sirve un bosquejo en la preparación de un mensaje?

¿Cuál es la relación entre el cuerpo del mensaje y el tema?

¿Qué importancia tendrá el orden en que se ponen los puntos?

Ya tenemos un buen comienzo en la construcción de la escalera, el mensaje. Hemos preparado los cuatro largueros—ya sabemos para quiénes es el mensaje, cuál es el propósito, cuál es el tema y qué texto ha de servir como base del mensaje.

El próximo paso es la colocación de algunos peldaños importantes. Vamos a considerar dos clases de mensajes—el tópico y el textual.

A. *Los puntos principales de un mensaje tópico*

Lo más lógico es que empecemos abajo donde están los oyentes con el fin de ayudarles a subir poco a poco la escalera hasta que lleguen a la con-

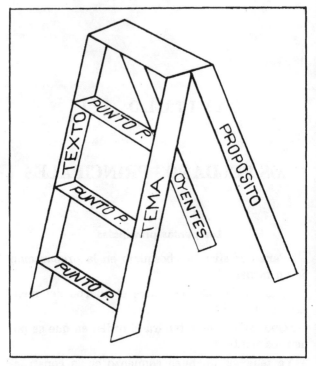

clusión desde la cual podrán alcanzar la fruta de la verdad espiritual. Para decidir cuáles van a ser los peldaños, debemos contestar las preguntas siguientes: 1. ¿Con qué pensamiento voy a empezar? 2. ¿Con qué idea debo terminar? 3. ¿Cuáles serán los puntos de escala entre el primer pensamiento y el último?

Hay que contestar estas tres preguntas teniendo en mente que cada respuesta ha de tener una relación íntima y estricta con el tema y los otros tres factores, los largueros, que ya están determinados. Piense con qué idea va a comenzar. Escríbala. Luego analice lo que apuntó. Hay que ver si este punto concuerda perfectamente bien con los cuatro largueros.

El próximo paso es contestar la segunda pregunta: ¿Con qué idea se va a terminar? Este último punto del mensaje es el que más está de acuerdo con el propósito. Después de escribir este punto hay que revisarlo para ver si de verdad lleva al auditorio a donde decidió el predicador cuando eligió el propósito del mensaje. Es de suma importancia a la vez ver si el último punto lleva una concordancia total con los oyentes, con el texto y con el tema.

El tercer problema para resolver en esta etapa de la preparación es decidir cuáles puntos deben servir de intermedios entre el primero y el último. No se debe olvidar que ellos, también, tienen que estar bien relacionados con el tema, con el texto y con los oyentes. Han de contribuir, también, a un progreso hacia la conclusión. A veces nos es difícil determinar cuáles deben ser los puntos intermedios. Para algunos les sirve apuntar en una hoja de papel todas las ideas que vienen a la mente, que se relacionan con el tema, sin preocuparse por el orden ni su importancia. Después de apuntadas, se revisan, agrupando las que tengan una semejanza de tema entre sí. Se le asigna a cada grupo de ideas un tema general. Así es más fácil ver cuáles servirán como puntos principales del mensaje. Cada punto debe tener más o menos una importancia igual que los otros puntos, y desde luego, tiene que encajarse bien con los cuatro factores escogidos en la misma manera que cada peldaño de una escalera tiene que ser del mismo largo para poder cuadrar con los largueros.

¿Cuántos puntos principales debe tener un mensaje? No se puede fijar ninguna regla al respecto. Depende la respuesta totalmente de la naturaleza del tema y de las necesidades de los oyentes. Pudiera ser que con dos puntos se satisfagan los requisitos del mensaje. Pero cabe la posibilidad de que falten varios más. En el caso de preparar más de cinco puntos, hay que recordar que se tendrán que tratar con brevedad ya que no es aconsejable extender un sermón por largo tiempo. Habiendo un número excesivo de puntos principales, hay peligro de que los oyentes se cansen y se pierda la oportunidad de alcanzar el propósito el cual está encima de todo lo demás.

Cabe aquí una advertencia. Algunos tienen la costumbre de ponerse a arreglar las subdivisiones del primer punto después de redactarlo sin esperar arreglar bien todos los puntos principales. No se debe redactar ninguna subdivisión ni detalle de ningún punto principal hasta que no estén perfectamente ordenados y arreglados todos los puntos principales. Si uno comienza a trabajar con los detalles de una división antes de tener bien formado el plano general del mensaje, se puede desviar fácilmente la mente del tema general. Hay que terminar lo más importante antes de preocuparse por los detalles. Cuando estén los puntos principales bien hechos juntamente con el tema, se podrá comenzar con los detalles. Con leer solamente los puntos principales y el tema de un bosqejo, se debe captar una idea clara de lo que va a ser el mensaje.

Después de tener todos los puntos principales

listos, se numeran con números romanos. Lo que ya se tiene realizado se llama un bosquejo, el cual ejerce funciones parecidas a las de un esqueleto. Es como el plano de un edificio. Es la idea general del mensaje. Cuando se hace bien, se facilita lo que queda de la preparación del mensaje. La predicación del mensaje resulta más lógica. Y los oyentes recuerdan mejor lo que se presenta.

Probablemente a estas alturas usted se ha dado cuenta de que el problema de establecer los puntos principales cuesta mucho trabajo. Exige paciencia y disciplina. Algunos sin duda tienen miedo a la homilética porque no quieren pasar por estas dificultades. Pero si uno puede aplicarse a la tarea y llevarla a un cumplimiento feliz, queda recompensado al ver que ha podido organizar una serie de ideas en forma lógica y fácil de recordar.

Muchos alegan que no hay ninguna necesidad de pasar tanto trabajo; que lo que corresponde es presentar la Biblia con las ideas que le pasen por la mente. Hasta hay quienes piensan que es una falta de espiritualidad tratar de ordenar las ideas para un mensaje. Hace poco un joven se convirtió y empezó a predicar con gran entusiasmo. Vio que podía hablar por más de media hora sin parar. Cuando se le preguntó que si no iba a asistir a las clases para obreros contestó que no le hacían falta porque Dios le daba buenos mensajes sin ayuda de nadie.

Hay que preguntarle al joven si el orden es un pecado. ¿Se opone Dios a que organicemos los pensamientos en una forma lógica y progresiva para mayor claridad y retención? ¿Gastaría el joven tiempo para leer un libro con muchos pensamientos presentados en cualquier manera?

Todos esperamos que Dios nos dé buenas ideas, pero muchas veces él nos deja a nosotros la tarea de ponerlas en orden. Es algo parecido a lo que sucede a las aves. Dios las cuida y las provee de alimentos, pero no les promete dar un servicio de meseros equipados con una bandeja de plata y vestidos de uniformes elegantes para colocarles manjares en la boca. Las aves comen siempre y cuando hacen el esfuerzo de salir a buscar el alimento. Dios deja a cada cual la necesidad de hacer un esfuerzo propio.

Durante todo el proceso de la preparación no se puede escatimar ni el esfuerzo ni el papel. Hay que apuntar, tachar, analizar, cambiar, añadir. A la medida que uno va luchando con las ideas y el tema, todo se va aclarando. Se va apoderando el tema del corazón del predicador. Se prende el fuego. Va tomando forma un mensaje que va a conmover al auditorio y resultar en vidas cambiadas.

Veamos un ejemplo del proceso de la elaboración de todo lo que hemos estudiado hasta aquí. Usted después va a hacer trabajos originales siguiendo el mismo método. Supongamos que usted va a predicar a un grupo de personas que poco saben del evangelio en un barrio obrero de la ciudad. Claro que ha orado mucho sobre el asunto. Se siente impresionado, digamos, de hablarles sobre la idea de que estamos en los últimos tiempos y que el orden actual de eventos no va a seguir siempre así. Dios va a poner fin a la injusticia y maldad y va a establecer su propio gobierno.

Muchas ideas pasan por su mente sobre el tema general. Pero hay que pensar ahora en términos más específicos. ¿Qué propósito habrá en hablar a estas personas de pocos conocimientos bíblicos acerca de los últimos tiempos? ¿Será que se den cuenta de que Dios no se ha olvidado de ellas? ¿Desea asustarles con una idea de juicio? ¿Pretende ganar la admiración del auditorio con su elocuencia? Usted dirá que sería bueno hacer ver que Dios desea que se arrepientan de sus pecados, que sus vidas sean transformadas.

Vayamos escribiendo para concretar la cosa. Para cada mensaje hay que escribir en el encabezamiento los cuatro factores, esos cuatro largueros. Esto facilita su preparación y la revisión del trabajo por el profesor y los compañeros de la clase. Ha de ayudar también en la misma predicación del mensaje. ¿Cómo pondría usted en pocas palabras el tema y el propósito para este mensaje? Claro que cada uno lo hará de acuerdo con su estilo personal, pero para poder ofrecer un ejemplo podemos sugerir como tema: Dios ordenará pronto el mundo y desea hacer lo mismo en cada vida. Pongamos como un propósito doble: (a) Hacer ver que estamos en los últimos días en que Dios ha de imponer su orden y justicia; (b) Hacer ver que cada ser humano tiene una necesidad de entregarse a Dios para que él obre en su corazón.

¿Qué es lo que falta antes de proseguir con los puntos principales? Ya sabemos a quiénes se va a predicar. Se ha determinado cuál ha de ser el tema y el propósito. Lo que no se ha decidido todavía es cuál será el texto. Muchos pasajes bíblicos servirían para la ocasión, pero para este ejemplo tomemos la porción de II Pedro 3:9-14. Léalo usted ahora.

Hemos llegado al momento de luchar con la construcción de los puntos principales. Hay que empezar a escribir algunas posibilidades. En cierto sentido lo que se hace es una división del tema en varias partes para poderlo comprender mejor. Se debe comenzar con la parte que más cerca está de los oyentes. En el caso de nuestro ejemplo hay que volver a pensar en la vida de los habitantes del barrio imaginario. Lo más probable es que no están tan preocupados con el desorden en sus propias vidas como con el desorden en el mundo en que viven. Ellos tienen que trabajar mucho y la lucha se les hace dura. Les es fácil pensar en las injusticias de la sociedad. Un buen punto con que comenzar, entonces, serían los conflictos de la sociedad moderna—la falta de justicia, el sufrimiento de muchos por la culpa de otros. Parecería que Dios se ha olvidado de los pobres. En resumen, podríamos poner como el primer punto: Las muchas injusticias hacen creer que Dios no cumple.

El próximo paso es pensar en el último punto. ¿Con qué idea deseamos terminar? Para contestar, hay que volver a pensar en el propósito del mensaje. En este caso es hacer ver que cada uno tiene la necesidad de recibir a Dios para que le transforme su corazón. El último punto nos tiene que llevar a esa idea. Redactémoslo así: Dios desea poner orden en tu corazón.

Lo que falta ahora es decidir cuáles serán los puntos intermedios. Fácil es ver que no podemos dejar solamente la idea del primer punto que parece que Dios no cumple. El mismo texto explica que Dios no ha intervenido directamente para acabar con la injusticia porque quiere que todos lleguen por sí mismos al arrepentimiento. Otro punto importante es recalcar el hecho de que se ven muchas señales de que al fin Dios sí va a establecer su propio reino pronto. Se debe explicar, también, cómo van a suceder los últimos eventos antes del establecimiento del reino.

Escribamos todo en orden para ver lo que hemos hecho a estas alturas:

OYENTES: Los habitantes del barrio obrero "Las Tres Cruces".

TEMA: Dios ordenará pronto el mundo y desea hacer lo mismo en cada corazón.

PROPOSITO: (a) Hacer ver que estamos en los últimos días antes de que Dios imponga su orden y justicia.

(b) Hacer ver que cada ser humano urgentemente debe entregarse al Señor.

TEXTO: II Pedro 3:9-14.

   I. Las muchas injusticias hacen creer que Dios no cumple.

  II. Dios se ha demorado porque desea que todos procedan al arrepentimiento.

 III. Las señales hacen ver que el mundo marcha hacia el pronto establecimiento del reino de justicia.

  IV. Algunos eventos que sucederán antes de la llegada del reino.

   V. Dios desea poner orden ahora en tu corazón.

Lo que se ha hecho no está en su forma final. A medida que se va trabajando muchas ideas cruzan por la mente. Hay que analizar cada una a la luz de los primeros cuatro factores determinados ya. Sucede muchas veces que uno no se siente satisfecho del todo con los mismos cuatro factores. En tal caso hay que hacer alguna enmienda. Después hay que revisar los puntos principales que se han redactado para ver si todos vienen de acuerdo con el tema y forman parte del tema sin ser una mera repetición dicha en otras palabras. Por ejemplo si uno tiene como tema "Cristo es la luz" y pone para su primer punto "El Hijo de Dios disipa las tinieblas" lo único que ha hecho es repetir la misma idea en palabras diferentes.

Hemos comparado los puntos principales con los peldaños de una escalera. Otra manera de verlos en relación con el tema es compararlos con una lámpara o candelabro que se cuelga del techo. Todas las luces parten del tubo principal. Cada bombilla tiene su propia existencia, pero

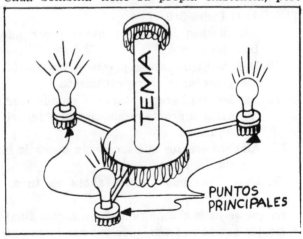

se une con las demás para formar el conjunto y arrojar una sola luz. Aunque se ponga una linterna cerca de la lámpara, no es parte de la lámpara por mucha luz que lance.

B. *Los puntos principales de un mensaje textual.*

El mensaje que resulta del método que acabamos de trazar se conoce como un mensaje tópico. Los puntos principales en este caso se elaboran de acuerdo con el tema. Hay otro sistema de preparar los puntos principales ciñéndose al mismo texto. El mensaje preparado en esta manera se llama textual. Los puntos principales de un mensaje textual se limitan a las frases del texto.

El texto que usamos para dar un ejemplo de cómo preparar un mensaje tópico nos ha de servir ahora para ilustrar la preparación de los puntos principales de un mensaje textual. Vuelva a leer con lentitud II Pedro 3:9, 10.

El primer paso en el método textual es decidir cuál es el tema del texto. Digamos que la idea es que el Señor se ha demorado, pero viene pronto. Escriba usted lo que le pareció ser el tema en un papel. El paso siguiente es la determinación de las ideas que el texto sugiere. ¿Cuál es la primera idea que usted encuentra en este texto? Pongamos que el Señor no retarda su promesa. ¿Cuál punto sigue? Aunque habrá diferencias de opinión, se ve que tiene que ver con la paciencia del Señor. En tercer lugar podemos decir que el Señor quiere que todos procedan al arrepentimiento. Para el cuarto punto podemos tomar el pensamiento que da la primera frase del versículo 10 que la venida del Señor será como ladrón en la noche.

En el papel podemos escribir ahora los cuatro puntos de un mensaje textual sobre II Pedro 3:9, 10, de la manera siguiente:

OYENTES: Los habitantes del barrio obrero "Las Tres Cruces" de la capital.

TEMA: El Señor se ha demorado, pero viene pronto.

PROPOSITO: Hacer ver que estamos en los últimos días antes de que Dios imponga orden y justicia en la tierra, y que cada ser humano urgentemente debe arrepentirse.

TEXTO: II Pedro 3:9, 10

   I. El Señor no retarda su promesa.

  II. El Señor es paciente para con nosotros.

 III. El Señor quiere que todos procedan al arrepentimiento.

 IV. El día del Señor vendrá como ladrón en la noche.

Como con el mensaje tópico, hay que revisar todos los puntos principales para ver si están de acuerdo con la necesidad y la capacidad del auditorio, si van a realizar el propósito que pretendemos y si cada uno tiene una relación íntima con el tema.

Para que quede claro cómo son los dos sistemas de la preparación de un mensaje que se han tratado en este capítulo, veamos de nuevo la diferencia entre un mensaje tópico y un mensaje textual. El uno se distingue del otro por el origen de los puntos principales y el tema. En el sermón tópico el predicador escoge su tema y establece los puntos principales para desarrollar el tema. Puede buscar un texto diferente para cada punto principal si así conviene. En el mensaje textual, el tema es sugerido por el texto que escoge el predicador. Todos los puntos se sacan del mismo texto y se limitan al texto.

TAREAS Y ACTIVIDADES

1. Preparar los cuatro factores (largueros) y los puntos principales para un mensaje tópico basado en uno de los temas siguientes:

a. La salvación.

b. La vida de un personaje bíblico como José, Moisés, Rut, David u otro.

c. La necesidad de la oración.

2. Preparar los cuatro factores y los puntos principales para un mensaje textual basado en uno de los textos siguientes:

a. Mateo 11:28

b. Juan 15:5

c. Isaías 45:22

d. Jeremías 1:19

e. Lucas 20:17, 18

f. Juan 16:33

g. Marcos 1:15

3. Pónganse los trabajos de algunos estudiantes en la pizarra o tablero para analizarlos entre todos. Hay que ver si los cuatro factores están bien hechos y si cada punto principal es parte del tema. Se debe preguntar que si cada punto va progresando hacia el propósito del mensaje.

4. A continuación se ofrecen cinco bosquejos hechos por estudiantes de homilética en los cuales uno de los puntos principales no concuerda con

el tema. Indique cuál es en cada caso y diga por qué no hay concordancia.

Primer ejemplo:

Tema: CRISTO, EL MEDICO POR EXCELENCIA

   I. Obraba con amor
   II. El pueblo tenía acceso a él
   III. Tenía voluntad para sanar al leproso
   IV. Quedó limpio

Segundo ejemplo:

Tema: LA RESPONSABILIDAD DE CADA PASTOR

   I. Tener puesta la armadura que da Dios
   II. Entregarle cuentas a Dios de lo que ha hecho
   III. Tendrá un galardón

Tercer ejemplo:

Tema: LO QUE DIOS PIDE AL HOMBRE

   I. Declaración de Dios
   II. Hacer justicia

Cuarto ejemplo:

Tema: LA PUERTA ESTRECHA

   I. Clases de puertas
   II. La puerta de la salvación no es tan atractiva
   III. Lo que le espera al que se niega a entrar
   IV. La sangre de Cristo nos limpia de todo pecado

Quinto ejemplo:

Tema: LA SANGRE DE CRISTO QUITA EL PECADO

I. Desde la creación se ha derramado sangre para cubrir el pecado

II. Los sacrificios por el pecado en el Antiguo Testamento eran con su sangre

III. Eran símbolos del sacrificio de Cristo

IV. El sacrificio de Cristo fue perfecto y eterno

5. Pasar al pizarrón y que cada alumno ponga el bosquejo formado por las divisiones naturales de los textos siguientes:

1. Salmo 23:1
2. 1 Timoteo 2:5
3. Apocalipsis 21:4
4. Apocalipsis 22:12
5. Génesis 1:1*

6. Escribir las respuestas de las preguntas con que comienza el capítulo IV.

Bosquejo de los capítulos

La Escalera de la predicación

III. LA ELABORACION EN LOS PUNTOS PRINCIPALES

A. Los puntos principales de un mensaje tópico

1. Comenzar con la idea que está más al nivel de los oyentes

2. Decidir cuál idea se relaciona más con el propósito

3. Buscar hacer el puente entre el primer punto y el último

---

*Guía para el estudio. Homilética I. Luisa Jeter de Walker.

4. El número recomendable

5. La necesidad de tener todos los puntos principales determinados antes de comenzar con cualquiera subdivisión

6. El valor de este trabajo

7. Se debe hacer por escrito

8. Un ejemplo

9. La necesidad de revisar el trabajo

B. Los puntos principales de un mensaje textual

1. Se determinan siguiendo los pensamientos del texto

2. Un ejemplo

3. La diferencia entre el mensaje tópico y el textual

4

Los peldaños auxiliares

CAPITULO IV

LOS PELDAÑOS AUXILIARES

¿Cómo puede uno encontrar cosas interesantes acerca de cada punto principal del mensaje?

¿Qué actitud debe tomar el que prepara el mensaje hacia los puntos que va a predicar a otros?

¿Es aconsejable para uno que tiene poca experiencia en la predicación usar sermones de otros predicadores? ¿Por qué?

A. *El estudio del texto o textos*

No se sorprenda si usted descubre que es muy difícil encontrar diferentes ideas, o sea material para hablar un rato sobre cada punto principal. El de poca experiencia tropieza con este problema con frecuencia. Hay solución si uno está dispuesto a escribir, a orar, a revisar, a preguntar, a ordenar. Todo esto requiere disciplina. La preparación de un mensaje no la hace "el flojo", sino el que se ha hecho el propósito firme de cumplir con Dios y con el auditorio.

Hágase compañero inseparable del lápiz. Ten-

ga a la mano una buena cantidad de papel. Y no se olvide de la paciencia. Es de mucho provecho organizar esta fase del estudio del texto apuntando cada punto principal de su bosquejo en una hoja de papel por separado. Luego a medida que va encontrando ideas, las anota bajo el punto principal que corresponde.

La disciplina incluye la constancia en buscar la dirección e iluminación del Espíritu Santo. Aunque a algunos les parezca contraproducente la idea, insistimos en que la oración es una batalla. Son muchas las ocasiones en que el predicador no siente ningún deseo de buscar a Dios mientras prepara el mensaje. Pero esos son los momentos en que uno vive, no por lo que siente, sino por lo que sabe que debe hacer. Los evangélicos desde la Reforma hemos insistido en que el Espíritu Santo desea revelar las hermosas riquezas de la Palabra profunda a todo aquel que lo busca diligentemente. Pero para buscar, hay que hacer un esfuerzo. El que busca no se sienta a la sombra de un buen árbol para tomar limonada, sino que sale, se inclina, levanta troncos, aparta hojas, le pican las hormigas, suda.

Además de buscar la ayuda del Espíritu de Dios, hay que examinar detenidamente el texto bíblico con el fin de descubrir las gloriosas verdades que tiene. Una de las palas más efectivas que existe para cavar y destapar estas riquezas es la interrogación. Hay que acostumbrarse a ser muy preguntón. El pasaje bíblico está delante. Analícelo por medio de cantidades de preguntas.

Se puede empezar haciendo preguntas sobre el fondo del texto. ¿Quién escribió el pasaje? ¿Por qué lo escribió? ¿A quiénes se dirigía cuando lo escribió? ¿Qué problemas y luchas tenían los destinatarios? Después hay que ir haciendo preguntas sobre cada palabra del texto. ¿Qué significa este vocablo? Si no está seguro, lógicamente hay que hacer uso del diccionario de la lengua. Es totalmente imposible entender perfectamente bien el pasaje si usted no sabe lo que quiere decir una de las palabras que lo componen. Y si no sabe el significado de dos palabras de la frase, ¡imagínese! En este aspecto del estudio otra ayuda de gran valor es el diccionario bíblico. Después de analizar el significado de cada palabra, hay que seguir con el interrogatorio. ¿Por qué se em-

pleó esta palabra en esta frase? ¿Cómo se ha de interpretar?

El que desea profundizarse en las Sagradas Escrituras debe tener otras traducciones de confianza a la mano para buscar en ellas el texto bajo estudio. El empleo de otras palabras, o un pequeño cambio en el orden de las frases a veces da nueva luz sobre el texto. Este proceso da gran satisfacción al que está dispuesto a tomar el tiempo y la molestia de hacerlo. Dos versiones que usted puede consultar con provecho son la Nacar-Colunga (católica) y la llamada Versión

Popular, *Dios llega al hombre*, (Sociedades Bíblicas Unidas). Esta última emplea un vocabulario claro con un estilo directo y sencillo. Las frases son más cortas. Así se facilita una mejor comprensión de los pasajes complicados. Recuerde, sin embargo, que ninguna traducción o versión goza de la misma inspiración divina que tuvieron los autores cuando escribieron originalmente bajo un impulso especial y exclusivo del Espíritu Santo. A veces una versión ofrece claridad en un pasaje, pero en otro no ayuda nada.

Otra manera de estudiar el texto es compararlo con pasajes paralelos. Las referencias al pie de la página o en el margen del centro le dan al estudiante algunas ideas sobre los pasajes paralelos. La concordancia, también, ayuda a encontrar porciones relacionadas con el texto. Las citas que dan estas referencias se deben examinar con cuidado ya que puede ser que traten asuntos diferentes o similares del tema del texto bajo consideración. El hecho de que aparezca la misma palabra en otro lugar no da garantía de que sean pasajes paralelos porque a veces la Biblia emplea la misma palabra para referirse a asuntos diferentes.

En el examen minucioso y disciplinado del texto hay que buscar la idea que contiene el contexto. Se debe volver atrás y leer con cuidado lo que precede al pasaje para ver bien el hilo que se viene llevando. Puede que se tenga que estudiar cinco o seis capítulos para poder cerciorarse bien del tema general que se trata en la porción que estudia. Hay que leer, también, lo que sigue después del texto. El problema es encontrar el cuadro completo que abarca el pasaje bajo estudio.

Si de veras desea entender mejor el pasaje, podría hacer lo que se llama una paráfrasis. Quiere decir que uno escribe en sus propias palabras la misma idea del pasaje con el fin de hacerlo más claro. El que nunca ha parafraseado un texto bíblico lo encuentra sumamente difícil en el principio, pero si persiste en la empresa, verá que le ayuda mucho a entenderlo mejor. Es sorprendente como se ve un texto en otra luz cuando se pone a buscar otras palabras para expresar la misma idea. Hay ocasiones en que uno recibe revelaciones grandes sobre versículos muy conocidos después de parafrasearlos.

Después de hacer todo lo que se ha indicado hasta aquí, no se ha concluido, sin embargo, el estudio del texto. Ahora hay que ver lo que dicen otros siervos de Dios. Es bueno consultar algunos comentarios de confianza lo mismo que libros de teología sistemática. Con un poco de experiencia en esta clase de investigación, usted comenzará a ver cuáles son los que más le ayudan en su búsqueda de material para el mensaje. Esto nos hace ver la gran importancia de ir formando su propia biblioteca aun cuando requiera mucho sacrificio.

En este estudio que va realizando el predicador, habrá que tener mucho cuidado con su actitud hacia la Palabra de Dios. Es fácil asumir un espíritu de que "esto es para los oyentes". "Voy a darles duro con este punto." Hasta es posible ponerse a buscar algún texto con el propósito de "humillar a la gente"—como si el predicador quisiera vengarse personalmente. El verdadero siervo de Dios, sin embargo, sabe que antes que nada, su responsabilidad es aplicar la Palabra Viva a su propio corazón. Debe preguntarse durante todo el proceso de la preparación del mensaje: ¿Qué exhortación o verdad habrá en esto para mi propia vida? ¿Qué tengo yo que hacer para que mi vida alcance lo que exige este versículo? De poco nos sirve predicar a otros si no nos exhortamos a nosotros primero.

B. *Las subdivisiones.*

¿A qué nos referimos cuando hablamos de subdivisiones? Se trata de los detalles que explican los puntos principales. A veces se denomina a los puntos principales divisiones del tema. Se puede entender que el punto principal con sus subdivisiones llegan a ser un bosquejo pequeño. En tales casos el punto principal viene a ser el tema del bosquejo y las subdivisiones pasan a ser los puntos principales.

En nuestra analogía de la escalera, se compararán las subdivisiones con los travesaños auxiliares que se pueden colocar entre los peldaños principales para facilitar el paso de uno a otro.

Ya hemos hecho una comparación de los puntos principales con el esqueleto de un cuerpo. Podríamos seguir esa idea diciendo que las subdivisiones se pueden comparar con la carne que se adhiere a los huesos. El esqueleto del cuerpo le da su forma general, pero los tejidos musculares añaden muchos detalles a esa forma. Así es con el bosquejo. La idea general se traza con las divisiones principales, pero las subdivisiones complementan y robustecen esa idea.

Las subdivisiones son respuestas al punto principal convertido en un interrogante. Conviene a veces dejar en su forma final el punto como una pregunta la cual puede lograr más claridad y

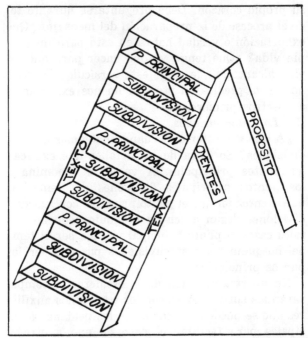

más interés. Especialmente es recomendable con un tema doctrinal. Si uno va a predicar sobre la fe, por ejemplo, se podría preguntar como uno de los puntos principales: ¿Qué es la fe? Las respuestas a esa preguntas son las subdivisiones.

¿Cómo puede uno preparar las subdivisiones? Es aconsejable recordar que el punto principal es el tema de la sección. Lo que toca hacer, pues, es decidir cuáles han de ser las divisiones de ese tema. ¿Qué detalles se pueden ofrecer para dar una idea más completa del tema? Si todavía tiene problema, convierta el punto principal en una pregunta y busque contestarla por medio de las subdivisiones.

Volvamos a nuestro compañero inseparable—el lápiz. Tome otra hoja de papel y escriba como encabezamiento lo que tiene para el punto principal. Como venía apuntando ideas que se referían a ese punto mientras hacía el escrutinio del texto, ya tiene algunos pensamientos acumulados. Hay que decidir cuáles se deben utilizar para explicar bien el punto. Se deben ordenar de tal manera que se pueda llevar al oyente por un proceso lógico hasta que tenga en la mente un cuadro completo del tema de la división. Recuerde que no se van a incluir ideas que no concuerden con los cuatro factores con que empezó la preparación—los cuatro largueros.

Ahora es necesario revisar los puntos que se han redactado. Hay que ver que cada uno tenga concordancia con el punto principal. A veces el que no tiene mucha experiencia redacta el mismo tema en otras palabras como una de las subdivisiones. Esto no es explicar el tema sino repetirlo. No ha contribuido nada en dar detalles para una mayor comprensión. Se advierte que aunque cada subdivisión tiene que relacionarse directamente con el punto principal, no es necesario que se relacionen una con otra. Se puede, por ejemplo, tener como punto principal la pregunta: ¿Qué es la salvación? Una de las respuestas puede ser que es un renacimiento y otra puede ser que es un rescate de un fin horrible. Estas dos respuestas no se relacionan entre sí, pero bastante se relacionan ambas con el interrogante que es la división principal.

Cuando todo esté en orden, proceda con el segundo punto principal en otra hoja de papel y sométalo al mismo proceso de revisión. Luego puede seguir con los demás puntos, trabajando con cada uno en una hoja diferente de papel.

Las subdivisiones se ordenan en el papel haciendo sangría, o sea, dejando un margen, cada vez para que se distingan de los puntos principales. Otra manera de decirlo es que los puntos principales se escriben comenzando más a la izquierda, dejando las subdivisiones más para la derecha. Para cambiar el sistema de numeración y así hacer otra distinción, se les ponen letras mayúsculas.

Volvamos al ejemplo que pusimos en el Capítulo III para ver si podemos ayudar a entender mejor este asunto de las subdivisiones. Recordemos los puntos principales:

Tema: Dios ordenará pronto el mundo y desea hacer lo mismo en cada corazón.

    I. Las muchas injusticias hacen creer que Dios no cumple.

   II. Dios se ha demorado porque desea que todos procedan al arrepentimiento.

 III. Las señales hacen ver que el mundo marcha hacia el pronto establecimiento del reino de justicia.

 IV. Algunos eventos que sucederán antes del establecimiento del reino.

   V. Dios desea poner orden en tu corazón.

Vamos a necesitar cinco hojas de papel para trabajar con cada división. En la primera hay que escribir el primer punto principal: I. Las muchas injusticias hacen creer que Dios no cumple. ¿Qué detalles vamos a poner para explicar esto? Recordemos a quiénes vamos a presentar el mensaje. ¿Cuál es la queja principal de muchos trabajadores sindicalizados en cuanto a Dios?

Que es un Dios de los ricos pero no ayuda a los pobres. Se oye mucho la idea de que si existiera un Dios tan poderoso y de tanto amor, acabaría con toda la injusticia y sufrimiento que hay en el mundo. Estas ideas se podrían organizar en la primera división de la siguiente manera:

I. Las muchas injusticias hacen creer que Dios no cumple

   A. Hay incrédulos que dicen que Dios no ayuda a los pobres.

   B. Algunos que han perdido su fe dicen que si un Dios de amor y poder existiera, hubiera acabado con la injusticia.

   C. Hace miles de años se viene diciendo que Dios establecerá su reino en la tierra, pero no lo ha hecho, dicen los ateos.

Antes de proseguir con el segundo punto principal, hay que revisar el trabajo a ver si cada subdivisión tiene concordancia y relación con el punto principal sin ser una repetición de ella en otras palabras.

Cuando ya están redactadas todas las subdivisiones de todos los puntos principales, todavía no está completo el sermón. Lo único que se ha hecho es el plano de la construcción. El plano hace ver cómo va a ser el edificio, pero no visualiza cada ladrillo que se ha de asentar. Si usted se pone a leer en voz alta a los oyentes lo que dice el bosquejo, no demorará más de cinco minutos. Quiere decir, pues, que la preparación de un bosquejo sirve para organizar solamente los pensamientos. En el momento de la predicación, habrá que depender del Espíritu Santo para encontrar la manera de explicar cada subdivisión.

La gran mayoría de los predicadores llevan el

bosquejo al lugar donde van a dar el mensaje y lo mantienen delante de la vista mientras predican. Pero no se amarran a cada detalle que han escrito. Saben bien que necesitan la unción e iluminación de Dios para presentar exactamente lo que necesitan los oyentes. Si se han preparado bien, el Espíritu Santo seleccionará entre los muchos detalles que se acumularon durante la preparación para dar al auditorio las verdades precisas que necesitan en el momento.

Sucede a veces que el predicador por haberse empapado con el tema, y por la inspiración que siente cuando da el mensaje, ocupa mucho tiempo explicando los primeros puntos del sermón, dejando así poca oportunidad para tratar los últimos. Como los últimos puntos se redactaron con el fin de llevar al auditorio hacia una decisión específica, se pierde mucho del propósito del mensaje si no se presentan cabalmente. En tales casos se debe fijar mucho en el bosquejo con relación al tiempo disponible para reservar una porción de este tiempo para los últimos puntos.

Hay momentos, también, en que el predicador se olvida del próximo punto que se debe presentar. Será por el nerviosismo, por algo que sucede entre el auditorio para distraer la atención, o por motivos que ni él mismo se explica. Ese es el momento en que el bosquejo puede prestarle el auxilio oportuno, recordándole dónde estaba en el desarrollo del mensaje.

Hay principiantes que hallan que se confunden más con el bosquejo adelante mientras predican. No pueden pensar en lo que dicen y a la vez ir leyendo otras ideas que han de tocarse más adelante. Si así le sucede a usted, no se preocupe en absoluto. No se amarre tratando de mirar el papel en que está el bosquejo. Aunque no lo emplee para el acto de la predicación, de todas maneras le sirvió de mucho valor en la preparación.

TAREAS Y ACTIVIDADES

1. Preparar un bosquejo para un mensaje tópico. Hay que indicar cuáles son los cuatro factores (largueros) y después se preparan los puntos principales. No se preocupe en lo más mínimo por las subdivisiones hasta no tener bien arreglados los puntos principales. Luego puede proceder a elaborar las subdivisiones de cada punto. Revise con cuidado todo el trabajo. Puede escoger entre los temas que se dan a continuación:

    a. Los atributos de Dios.

    b. La misión de la iglesia.

    c. El bautismo en agua.

    d. La lepra del pecado.

    e. La redención de la raza humana.

2. Preparar un bosquejo para un mensaje textual. Indique los cuatro factores. Después de tener los puntos principales, elabore las subdivisiones. Escoja entre los textos siguientes:

    a. Mateo 5:9

    b. Lucas 11:4 (Primera parte)

    c. Lucas 14:11

    d. Romanos 8:1

    e. I Pedro 4:12, 13

    f. Salmo 27:1

3. Escríbanse en la pizarra, o tablero, los bosquejos de algunos estudiantes para que los com-

pañeros de la clase los revisen y decidan si están bien hechos o no. Hay que ver si los cuatro factores, o sea los largueros, están bien determinados y concuerdan entre sí. Miren si cada punto principal es parte del tema y si cada subdivisión es parte del punto principal a que pertenece sin ser una repetición del mismo punto.

4. A continuación se ofrecen algunos fragmentos de bosquejos hechos por estudiantes de homilética. En cada caso una de las subdivisiones está mal. Indique cuál es y cómo se puede arreglar.

Primer fragmento:
Tema: JESUS ES LA LUZ DEL MUNDO
I. La luz que vino
  A. La luz que había sido prometida
  B. La luz llegó
  C. La luz brilló

Segundo fragmento:
Tema: LA FIDELIDAD DE DIOS
I. Dios es fiel con su pueblo
  A. El dirigente de una empresa debe ser fiel a la empresa
  B. Pero también pueden fallar
  C. Pruebas de la fidelidad de Dios con su pueblo en la historia

Tercer fragmento:
Tema: LA FE
I. Lo que puede hacer
  A. Trasladar montañas de problemas y obstáculos
  B. Agradar a Dios
  C. Dios es espíritu

Cuarto fragmento:

Tema: LOS DIACONOS DE LA IGLESIA APOSTOLICA

I. Sus oficios

A. Ayudar a los apóstoles

B. Evangelizar

C. Los que salieron electos

Quinto fragmento:

Tema: CONCEPTOS DE COMO SER BAUTIZADO EN EL ESPIRITU SANTO

I. La idea que tienen los del mundo

A. Simón era un mago que estaba equivocado en cuanto al Espíritu Santo

B. Hacía creer que era poderoso

C. Muchos hoy día dicen que las manifestaciones del Espíritu Santo son del diablo.

D. Hay quienes creen que el bautismo es resultado de una autohipnosis

5. Se dan los puntos principales y las subdivisiones de un bosquejo en este ejercicio. El problema es que están revueltos y sin numeración. No están en orden. Decida usted cuáles son los puntos principales y cuáles las subdivisiones y a qué punto principal pertenece cada subdivisión. Escriba en una hoja de papel el bosquejo bien ordenado y numerado.

Primer ejemplo:

Tema: LA IGLESIA

Espiritual

Representar a Cristo en el mundo

Los que tienen sus nombres escritos en el libro de la vida

La misión de la iglesia

Mayor que el poder satánico
La naturaleza de la iglesia
Ganar a los perdidos para Cristo
El poder de la iglesia
Los que se aman
Un poder sobrenatural
Los miembros de la iglesia verdadera
Universal
Enseñar la Palabra de Dios
Los que obedecen la Palabra de Dios

Segundo ejemplo:

Tema: EL ARREPENTIMIENTO

Los que desean un cambio en sus vidas
Una parte consiste en sentir tristeza por el pecado
¿Por qué se debe arrepentir?
La salvación eterna del alma
¿Quiénes tienen que arrepentirse?
Una vida enmendada
¿Qué es el arrepentimiento?
Porque así únicamente se alcanza la salvación
¿Cuáles son los frutos del arrepentimiento?
Otra parte consiste en una decisión de no seguir pecando
Porque así uno llega a un punto de decisión en su vida
Los que han pecado
Una tranquilidad de espíritu
Una limpieza de corazón

Tercer ejemplo:

Tema: EL PECADO

La serpiente como instrumento
La rebelión contra Dios

Su naturaleza
La tentación en el Edén
La incredulidad
El infierno
Comparado con la lepra
El plan de la tentación fue ideado por Satanás
Sus consecuencias
La desobediencia
La falta de paz
Su origen
Una debilidad espiritual

Cuarto ejemplo:

Tema: EL ESPIRITU SANTO
Orar
Sus símbolos
Regenerar
Tener hambre de Dios
Viento
Tener fe
Fuego
Cómo buscarlo
Dar poder
Consolar al adolorido
Paloma
Hacer ver que hay pecado
Sus ministerios

6. Ordene el bosquejo revuelto que se encuentra a continuación.

Porque sin este poder nada podemos hacer que espiritualmente valga la pena.

¿Cómo se puede obtener poder espiritual?

Victoria sobre el pecado

¿Qué es poder espiritual?

Poder Espiritual

Negativamente: no es magnetismo personal, ni eloencia, ni conocimiento.

Porque con él evitamos los muchos fracasos espirituales que se ven en los creyentes.

¿Cuáles serán los resultados de tener poder espiritual?

Desearlo verdaderamente

Coraje para testificar de Cristo.

Positivamente: es aquel poder en nosotros que resulta de haber recibido de Dios su Espíritu.

¿Por qué es necesario que tengamos este poder espiritual?

Trabajo eficaz

Obedecer las instrucciones del Espíritu

Recompensa por servicio fiel al final*

7. Haga el ejercicio que aparece a continuación.

En una concordancia bíblica (cosa que todo predicador debe poseer) busque las palabras "orar" y "oración". Busque los textos citados y escoja entre ellos cuando menos cinco que enseñen algo sobre cómo se debe orar. Copie la frase sobresaliente de cada uno de éstos y la referencia bíblica y póngalas en el sobre correspondiente. Fíjese bien en los cinco sobres para decidir en cuál poner estos textos.

8. Contestar las preguntas con que empieza el Capítulo V.

---

*Guía para el estudio. Homilética I. Luisa Jeter de Walker.

Bosquejo de los capítulos

La Escalera de la predicación

IV. LA ELABORACION DE LAS SUBDIVISIONES

A. La necesidad de la autodisciplina

B. El estudio minucioso del texto
1. Con el empleo de la interrogación
2. Con la consulta de varias versiones dignas de confianza
3. Con la comparación del texto con pasajes afines
4. Con la consideración del texto a la luz del contexto
5. Con la preparación de una paráfrasis original
6. Con la consulta de comentarios
7. La actitud necesaria: Un deseo de aplicar la verdad a uno mismo

C. Lo que es una subdivisión
1. El punto principal de un punto principal
2. La respuesta al interrogante que surge de la división principal

D. Cómo preparar las subdivisiones
1. Usar el punto principal como tema de un bosquejo pequeño
2. Descubrir el interrogante del punto principal para contestar
3. Trabajar con el lápiz
4. El orden debido
5. La revisión
6. La numeración
7. Un ejemplo

E. El bosquejo en el momento de la predicación

5

Reforzando la escalera

CAPITULO V

REFORZANDO LA ESCALERA

Las ilustraciones

¿Cuáles serán las ventanas del mensaje?

¿Por qué es importante darle claridad a las ideas que se presentan?

¿Qué peligros pueden surgir del mal uso de las ilustraciones?

Un buen predicador no solamente va a proveerles a los oyentes con una escalera por la cual alcanzar las verdades divinas, sino que hará todo lo posible para reforzarla. No es cuestión solamente de tener piezas de buena madera para los largueros y peldaños, sino que hay que añadir unos travesaños para darle más resistencia y estabilidad. Pongamos, pues, otras piezas a nuestro mensaje para que todos suban con mayor comodidad—incluyamos ilustraciones.

¿Qué es ilustrar? Es lograr más claridad con una comparación. Es arrojar luz sobre el tema. Una ilustración tiene la función de explicar, de

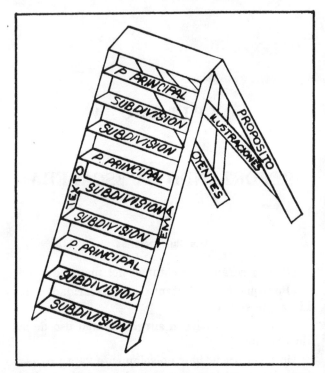

prender la luz en medio de la oscuridad, de abrir la ventana para que entre más iluminación.

Todos queremos proveer luz para que nuestros oyentes entiendan mejor, pero a veces nos cuesta saber cómo hacerlo. Se da una ilustración cuando se compara la verdad desconocida con algo común y conocido. Cristo tomó un niño para comparar su sencillez y humildad con las actitudes que hacen falta en la vida del creyente que desea agradar a Dios. Es una comparación de una verdad con algo visible y conocido de todos. La com-

paración puede ser breve o larga, puede servir
de contraste o proveer una idea paralela a la verdad que se desea aclarar, pero imprescindiblemen-
te tiene que estar dentro de los límites de la experiencia y comprensión del auditorio.

El que da poca importancia a las ilustraciones
debe considerar el contenido de los discursos y
enseñanzas del Predicador de predicadores. Que
cuente las comparaciones que Cristo hizo con cosas conocidas por sus oyentes.' Debe reflexionar,
también en el hecho de que una ilustración adecuada no solamente ayuda a aclarar una verdad
sino que ayuda a crear más intereses y atención.
Cuando hay más luz, se hace más agradable el
ambiente.

Otro valor que tiene la ilustración es que sirve
como medio para hacer una repetición de la verdad que se quiere enseñar. Los pedagogos lo mismo que la experiencia nos dicen que la repetición
es un factor esencial para lograr el aprendizaje.
Pero la repetición puede llegar a ser monótona
si el maestro no se esfuerza por variar la manera en que se realiza. En la predicación se
presenta una verdad, luego se ofrece una comparación con algo conocido para aclarar; y sin co-
brar nada, esa ilustración realiza a la vez una
repetición variada de la verdad. En resumidas
cuentas diremos que son tres las funciones de la
ilustración: 1. aclarar, 2. aumentar el interés, y
3. repetir la verdad en una manera diferente.

¿Cuáles son algunas maneras en que podemos
hacer una ilustración, o una comparación? Podemos llevar algo visible para mostrarlo a los
oyentes en el momento de la presentación de la
verdad. Eso es lo que hizo Cristo cuando tomó el

niño. Jeremías· acostumbraba emplear esta clase de ilustraciones. Llevó un yugo en una ocasión. Mostró la vasija que había hecho el alfarero. Escondió un cinturón al lado del Río Eufrates y después lo mostró a la gente para ilustrar su condición espiritual delante del Eterno. Ezequiel hizo un sancocho en una olla y lo dejó quemarse.

Otra clase de ilustración es la narrativa. Mencionaremos tres clases en este estudio: 1. La parábola. Cristo la empleó con frecuencia. 2. La anécdota. Gusta mucho hoy día. 3. La comparación extendida, que consiste en señalar la semejanza o el contraste entre una verdad espiritual y una serie de datos o hechos tomados de la naturaleza, de la ciencia o de una situación de la vida diaria.

La tercera manera de ilustrar que debemos considerar es la sencilla comparación verbal entre la verdad y algo conocido. "La vida es como paja." "El creyente es la sal de la tierra." "El pecado es parecido a la levadura." "La Trinidad es como un triángulo". No hay fin de esta clase de ilustraciones útiles.

Para que sea efectiva la ilustración, es preciso que reúna dos cualidades. En primer lugar es de suma importancia que tenga una relación clara e íntima con la experiencia del oyente. Supongamos que usted va a predicar sobre la transformación que Cristo efectúa en la vida. Su auditorio vive en un clima tropical. No se le ocurra ilustrar ese cambio comparándolo con la transformación que se ve en un paisaje después de una fuerte tormenta de nieve. No se va a ilustrar nada con tal comparación sencillamente porque los oyentes no han tenido semejante experiencia en su ambiente tropical. ¿Por qué hablar de los patriotas o héroes de un país extraño y lejano? La historia del mismo país donde uno predica está repleta de anécdotas de los libertadores, de los que han hecho grandes proezas a favor de la patria. La mención de tales personajes evocará gratas y fuertes emociones en el pecho del oyente porque son parte de su mismo ser. La historia, en cambio, de algún ser con nombre raro que luchó en tierras remotas apela menos, y a veces provoca sentimientos de desagrado.

En segundo lugar, la comparación que arroja luz a la verdad no solamente tiene que estar dentro de la experiencia del auditorio sino que también ha de estar libre de ambigüedad. No pueden quedar dudas en la mente sobre el significado de ella. Si digo que la salvación es como un plátano, he hecho una comparación de una verdad con una cosa muy conocida, pero no he mostrado en qué se parecen estas cosas, y hasta que no lo haga, la ilustración no servirá para aclarar nada.

Surge la pregunta: ¿Dónde puede un principiante encontrar ideas para hacer estas comparaciones que de veras iluminan? Es positivamente increíble la cantidad innumerable de ilustraciones que nos rodean a todos. La naturaleza está repleta de ideas. Los eventos que suceden diariamente en la comunidad lo mismo que los sucesos mundiales se prestan para ilustrar. Las experiencias que el mismo predicador pasa ofrecen grandes posibilidades. La Biblia abunda en ilustraciones de toda clase. Se puede repetir las que emplearon los grandes predicadores de la Biblia. Utiles son las anécdotas de las vidas de los personajes bíblicos. Existe la posibilidad de hacer alguna comparación entre un momento tomado de la historia sagrada con las circunstancias en que viven los concurrentes. La literatura española y latinoamericana ofrece posibilidades sin fin. Luego tenemos acceso a los libros de ciencia, de historia, de ensayos. No se puede dejar de mencionar el acopio de material que se encuentra en las biografías de grandes hombres, tanto en la historia secular como en la historia de la iglesia.

Algunos tienen la experiencia de saber que están rodeados de material para ilustraciones, pero no han desarrollado las cualidades necesarias para adaptar el material a los oyentes o al tema que desarrollan. Hay que volverse detective. Uno tiene que aprender a observar detalladamente la naturaleza humana. Dése cuenta cómo reacciona ante diferentes problemas, qué es lo que les gusta a los hombres con quienes trabaja, cuáles son sus luchas. Hay que desarrollar la capacidad de identificarse con la persona a su lado para saber qué es lo que siente.

Pero la observación sola no basta. Tiene que tener la capacidad de analizar lo que observa. La misma actitud que uno debe tener para analizar un texto bíblico servirá para llegar a ver qué relación pueda tener una cosa con otra. Hay que volverse preguntón. Acostúmbrese a preguntar el porqué de lo que ve o lo que no ve. Con la práctica puede llegar a ser experto en la materia.

Los grandes maestros de la homilética pasan tiempo discutiendo cuál será el número ideal de ilustraciones para un mensaje. Pero la verdad es que eso puede llegar a ser una polémica estéril porque es imposible decir cuántas harán falta para aclarar en determinada ocasión. ¿Cuántas ventanas debe tener una casa? Eso depende del estilo arquitectónico, de la intensidad de iluminación que se pretenda, de numerosos factores que surgen de las exigencias de los que han de vivir en la casa. Así es con el mensaje. Si los oyentes no comprenden bien con una ilustración, ¿no es lógico presentarles otra? Hasta no lograr la claridad no hemos hecho bien nuestra tarea. La ocasión dirá, entonces, cuántas ilustraciones hemos de usar.

Para hacer más ameno el mensaje es recomendable escoger ilustraciones de clases diferentes para las distintas verdades. Es muy fácil caer en la rutina de emplear solamente ilustraciones tomadas de la experiencia propia. Hay quienes toman ilustraciones exclusivamente de la Biblia. Otros cuentan anécdotas, nada más. Pero ganamos más la atención, y motivamos más al auditorio cuando variamos el estilo de la ilustración. A veces relataremos una experiencia propia, pero tendremos cuidado, también, de ir a las fuentes de la historia patria para hacer la comparación. Y no nos limitaremos a las ilustraciones narrativas. Buscaremos emplear comparaciones con objetos, con la ciencia, con la naturaleza.

Las ilustraciones son buenas y necesarias, pero pueden ser un peligro de introducir doctrinas erróneas si se presentan como pruebas concluyentes de una enseñanza o como base para una doctrina. Tenemos que recordar en todo momento que las ilustraciones no sirven como pruebas, sino como aclaración. El triángulo puede ser un medio para ilustrar la Trinidad, pero en ningún momento se debe ofrecer como una prueba de que hay tres personas en la Divinidad. Como las parábolas son una clase de ilustraciones, tampoco pueden ser utilizadas para dar apoyo a una doctrina. No vayamos a enseñar que es perfectamente admisible que un contador evangélico falsifique los libros de la empresa para la cual trabaja debido a que Cristo narró una parábola en que el mayordomo infiel lo hace. Mateo 16:1-9. Hay que estar alerta siempre para poder trazar la línea divisoria entre una prueba y una comparación.

Ahora le toca a usted empezar la búsqueda de buenas ilustraciones para sus propios mensajes. ¿Mucho trabajo? ¡Claro que sí! Si no sabía antes que la preparación de un solo mensaje exige mucho, ya lo empieza a comprender. La preparación eficaz y completa de los sermones no la realiza el perezoso sino el que tenga voluntad de hierro. ¡A sudar, pues!

Sería bueno establecer la costumbre de archivar las comparaciones que va observando en la vida diaria y las que encuentra en su lectura. Puede designar un cuaderno en el cual guardarlas. Divida el cuaderno en diferentes secciones según el tema. Otro sistema sería conseguir fólderes, legajadores de archivo, o carpetas. Use uno para cada tema diferente. Guárdelos todos en un archivador, o una caja. Para este propósito sirven también los sobres grandes de Manila de aproximadamente 22 x 28 cm. o tal vez un poco más grande. Escriba en cada uno un tema general. Luego cuando necesite alguna ilustración sobre un tema puede encontrar el sobre o la carpeta precisa para la ocasión.

Algunos predicadores dicen que no necesitan pasar tanto trabajo buscando y archivando ilustraciones. Hay libros completos de colecciones de ellas para toda ocasión y se pueden adquirir con facilidad. Es cierto que tales colecciones pueden ser útiles en algunos casos, pero no se debe depender de ellas como fuente principal de las ilustraciones por varios motivos. En primer lugar tales libros ofrecen muchas ilustraciones que no tienen que ver con la experiencia y el interés del auditorio. En segundo lugar la ilustración que el mismo predicador ha encontrado por su propia investigación se presentará probablemente con más seguridad y dinamismo. En tercer lugar, cabe la posibilidad de que otro predicador la haya empleado anteriormente en el mismo sitio y por lo tanto no va a tener tanto interés para los oyentes. Es mucho más aconsejable que el predicador emplee sus propias ilustraciones hasta donde pueda.

¿Dónde se debe colocar la ilustración en el bosquejo del mensaje? No todos son de la misma opinión, pero muchos tienen la práctica de ponerla como una subdivisión más. Si es la primera subdivisión o si se deja para entre las últimas depende de la naturaleza de la ilustración y también de la capacidad del predicador. Es un poco más difícil presentar hábilmente una ilustración sin haber presentado primero la verdad que se desea aclarar. Usted puede hacer algunos ensayos empleando una ilustración primero y otros presentando la verdad primero hasta que encuentre el estilo que más le ayude.

El que desee sobresalir en el empleo de las ilustraciones debe pasar la molestia de escribirlas palabra por palabra como piensa presentarlas, en vez de anotarlas en un estilo "de telegrama" como las otras subdivisiones del bosquejo. El propósito de detallarlas es para que no haya titubeo en el momento de la presentación, ni que se introduzca con palabras huecas y lugares comunes, tales como "me acuerdo de lo que leí en un libro la semana pasada". Los que escuchan tienen poco interés en el hecho de que usted leía algo la semana pasada. Hay que ir al grano. Si usted ha pensado cómo introducir la ilustración para darle el mayor interés posible, y la escribió detalladamente, la presentará sin rodeos para lograr mayor impacto.

Recuerde que hemos dicho ya que cada punto principal del bosquejo debía estar escrito en una hoja diferente de papel durante el proceso de la preparación. Después de terminar las subdivisiones, el próximo paso es decidir cuáles ilustraciones se habrán de usar. Como cada punto principal está en otro papel, se hace más fácil trabajar por divisiones y añadir las ilustraciones apropiadas para cada una. Cuando se termine este paso de la preparación, está listo el cuerpo del sermón. Falta poco para terminar la preparación. Ya está más cerca de la meta.

TAREAS Y ACTIVIDADES

1. Prepare un bosquejo con un tema de su propia elección. Busque las ilustraciones que usted estime sean adecuadas de acuerdo con los principios que ha estudiado y añádalas al bosquejo.

2. Que algunos estudiantes lean en voz alta las ilustraciones que pusieron en sus bosquejos. Los demás de la clase harán un análisis de cada una pensando en el interés que tengan las ilustraciones

para los oyentes especificados. Juzgarán si de veras arrojan luz sobre la verdad que ilustran.

3. Escriba tres ejemplos de ilustraciones objetivas que servirían para dar luz al tema de "el renacimiento" e indique para qué clase de oyentes serviría cada ejemplo.

4. Escriba una anécdota de un héroe de su patria para ilustrar el hecho de que el creyente tiene que ser persona resuelta.

5. ¿Qué ilustración del ambiente donde vive usted servirá para hacer más clara la necesidad de tener fe en Dios?

6. ¿Qué suceso mundial del último mes serviría para ilustrar la verdad de que el hombre es pecador?

7. ¿Qué ilustración puede usted encontrar en la ciencia para dar relieve a la sabiduría de Dios?

8. ¿Qué ilustración ofrece la anatomía humana para hacer ver la importancia de cada miembro del cuerpo de Cristo?

9. Hacer una lista de ilustraciones objetivas que emplearon Jeremías y Ezequiel.

10. Hacer una lista de ilustraciones objetivas que empleó nuestro Señor.

11. Preparar una lista de ilustraciones que usó Dios en varias ocasiones al hablar con un hombre para enseñarle una verdad espiritual.

12. ¿Qué ilustraciones se encuentran en la Ley de Moisés?

13. Contestar las tres preguntas al principio del Capítulo VI.

Bosquejo de los capítulos

La Escalera de la predicación

V. LAS ILUSTRACIONES

A. Lo que son
1. Comparaciones para dar más claridad a una verdad
2. Comparaciones de una verdad desconocida con algo conocido

B. Su importancia
1. El ejemplo de Cristo
2. Aclaran
3. Motivan mayor interés en el tema
4. Vehículo de repetición para grabar mejor la verdad

C. Clases de ilustraciones
1. Visuales
2. Narrativas
3. Las figuras retóricas comparativas

D. Las características de una buena ilustración
1. Lleva una relación clara con el auditorio
2. Libre de ambigüedades

E. El descubrimiento de las ilustraciones
1. Dónde
2. Cómo

F. Advertencias sobre el empleo de las ilustraciones
1. El número recomendable
2. La necesidad de tener una variedad
3. No sirven como pruebas teológicas
4. Se deben guardar y clasificar
5. Su colocación en el mensaje
6. Se deben preparar por escrito

6

El lazo de amarre

CAPITULO VI

EL LAZO DE AMARRE

La conclusión

¿En qué punto del mensaje se debe sentir más emoción?

¿Qué se hace al terminar el cuerpo del mensaje?

¿Qué significa la palabra "clímax"?

En muchas clases de actividades la última etapa tiene una importancia singular. A los participantes de una carrera deportiva se les aconseja que mantengan en reserva algunas fuerzas para los últimos momentos. ¡Y cómo se emocionan los espectadores al ver manifestarse las nuevas energías en los que corren!

¿Qué valor habrá en esforzarse tanto en la hechura de una buena escalera, buscando tener buena madera para todas las piezas, si al llegar una persona al último peldaño, se abre la escalera y todo viene para abajo por no haber puesto un lazo de amarre?

Una gran parte del éxito permanente del mensaje depende de la conclusión. Con gran cuidado el predicador lleva al oyente de un peldaño a otro. Pero todo ha sido con un propósito. No se pretende entretener, ni solamente instruir, sino lograr que los concurrentes tomen las frutas del árbol de la Biblia. La mira es que lleve a la práctica la verdad divina. La conclusión es lo que se usa para amarrar los puntos del mensaje y para inspirar al oyente a tomar las decisiones necesarias. No basta con pasar mucho trabajo en la preparación del cuerpo del mensaje, en los peldaños. Hay que pensar con toda seriedad en la conclusión y prepararla con esmero.

El clímax del sermón debe coincidir con la conclusión. ¿Qué significa ese término? El clímax es el punto culminante, el momento de más emoción, la parte cuando más conmovidos están el predicador y el auditorio. Pero en algunas ocasiones, desafortunadamente, no es así. El predicador se entusiasma en uno de los puntos anteriores, dándole tanto énfasis que al llegar a la conclusión, ya no puede subir más. El resultado es que la conclusión queda en descenso. Se siente una disminución de emoción, de interés. Se debe preparar el mensaje, por lo tanto, buscando reservar lo más emocionante para lo último, para poder terminar con un buen clímax.

Hay varias maneras de concluir. 1. Se puede hacer *una recapitulación,* o sea, un breve resumen de los puntos principales del mensaje. Algunos creen que es la mejor clase de conclusión este repaso de todo el sermón. Muy cierto es que si se vuelve a tocar ligeramente cada punto, el oyente recibe ayuda para recordar mejor el mensaje. La repetición puede facilitar el aprendizaje. Se debe tener presente, sin embargo, que cuando se elige esta forma de concluir, hay que tener mucho cuidado que se haga con dinamismo para evitar que llegue a ser *anticlimáctico*. Un repaso "pelado" o seco fácilmente aburre.

2. Cautivadora es la conclusión hecha con *una narración*. Lo que se relata debe ilustrar el tema del mensaje y empujar al oyente hacia el propósito que tiene el predicador para la ocasión. Se debe narrar la historia, anécdota o parábola con gran arte, como si se presenciara todo en el mismo momento. Una escena dramática bien contada fácilmente conmueve el corazón y prepara el camino para apelar al oyente a decidirse a recoger la fruta del árbol.

3. Una forma de concluir que puede ser efectiva es la recitación de *una poesía adecuada*. Muchos predicadores se han olvidado del potencial de unos versos inspirados. Sobra decir que la poesía ha de tener el mismo tema que el mensaje y debe servir para inspirar al auditorio a buscar más de Dios. Nuestro pueblo es conocido en todo el mundo por su literatura. El castellano se presta para la poesía y pocos son los latinos que no tengan un alma poética. ¿Por qué no explotar este recurso?

4. Considere, también, la posibilidad de terminar el mensaje con *una serie de interrogaciones*. Esto provoca a los concurrentes a analizar su propia condición espiritual. Por buena educación, uno se siente con la obligación de contestar cuando se le hace una pregunta. En el momento crítico de finalizar el mensaje, hay ventajas en preguntar al oyente cómo se ve en el espejo de la

verdad que se acaba de presentar. Con la obra convencedora del Espíritu Santo y las preguntas del predicador, se hallará el concurrente sincero en la obligación de hacer un examen de conciencia.

En algunas obras sobre la homilética usted verá que se hace una diferencia entre la conclusión y la aplicación. Y algunos maestros dé la materia clasifican la aplicación como una manera de hacer la conclusión. Pero si tenemos un propósito de presentar algo práctico que resulte en el cambio del oyente, queda obvio que toda conclusión incluye una aplicación práctica. La aplicación y la apelación a tomar decisiones forzosamente han de ser partes íntegras de cualquiera clase de conclusión.

Veamos ahora algunas características de una buena conclusión. La primera es que debe ser *breve*. Por muy interesante que parezca, la conclusión que se extiende mucho hará perder la atención de la congregación por la sencilla razón de que ya llevan tiempo escuchando y concentrándose en el mensaje. Se cansan siempre si han hecho un esfuerzo de escuchar atentamente. El predicador tiene que resistir, por lo tanto, la tentación de seguir hablando sobre el tema después de llegar a la conclusión. Algunos vuelven a predicar el mismo mensaje. Otros se extienden a tocar otros puntos o temas que le llegan a la mente en el momento. Dichoso aquel que aprenda a terminar cuando ha terminado.

Otra característica que ha de tener una buena conclusión es un *sentido positivo*. No es el momento para regañar ni lamentar ni deplorar ni resignarse al fracaso. Es el momento de hacer algo constructivo. Si hay pecado ¿qué se puede

hacer ahora para dejarlo? Si no ha habido una
visión amplia de rescatar a los que andan sin
Cristo ¿cómo se puede remediar la falta? Que
los oyentes no se vayan a salir de la reunión de-
rrotados. Nuestra misión es ayudar al ser humano a buscar a Dios, a enmendar sus costumbres
malas, a encontrar una solución a sus problemas.

En tercer lugar la conclusión ha de llevar una
concordancia estrecha con el propósito que se
fijó para el mensaje. Puesto que la conclusión
es el fin del mensaje, debe enfocarse en lo que
se pretendía realizar con el sermón. Cuando se
comenzó ¿a dónde se pensaba llegar? Ya que termina ¿ha llegado al destino deseado?

Puesto que es tan crítico el momento de la conclusión, es aconsejable escribirla palabra por palabra exactamente como la va a presentar al auditorio. Cuesta trabajo hacerlo pero uno se siente
recompensado al ver que una preparación esmerada ayuda a entrar con facilidad a la crisis de
la conclusión. No decimos con esto que no se pueda cambiar en el momento de la predicación si
el Espíritu Santo le impresiona con otra idea.
Siempre hay que tener entendido que toda la preparación está sujeta a cambios si así indica el
Dueño Supremo.

Que no se desplome, pues, todo el mensaje por
falta de una conclusión efectiva. Pongamos un
lazo de amarre a la escalera. Démosle la importancia que merece la conclusión del sermón. Bus-
quemos inspirar a los oyentes a tomar la fruta
del árbol una vez que logramos elevarlos a donde
la puedan alcanzar.

TAREAS Y ACTIVIDADES

1. Prepare otro mensaje y haga una buena conclusión escrita con lujo de detalles. Sería muy provechoso preparar dos conclusiones diferentes para tener más práctica y acostumbrarse a terminar con distintas clases de conclusiones.

2. Algunas de las conclusiones hechas por los alumnos de la clase se deben leer en voz alta. Los demás las analizarán con toda objetividad. ¿Tienen las características de una buena conclusión? ¿Aplican el mensaje a la vida del oyente? ¿Apelan al auditorio a obedecer a Dios? ¿Conmueven? ¿Tienen una estricta concordancia con el propósito? ¿Llegan a ser el clímax, la cumbre del mensaje?

3. Conteste las preguntas al comienzo del Capítulo VII.

Bosquejo de los capítulos
La Escalera de la predicación
VI.   LA CONCLUSION

   A. Su importancia

   B. Su relación con el clímax o culminación del mensaje

   C. Clases de conclusiones

      1. Recapitulativa

      2. Narrativa

      3. La que emplea una poesía

      4. Interrogativa

   D. Ha de contener una aplicación práctica

E. Las características de una buena conclusión
1. Brevedad
2. Sentido positivo
3. Concordancia con el propósito
F. Recomendable hacerla por escrito

7

La invitación a subir

CAPITULO VII

LA INVITACION A SUBIR

La introducción

¿Por qué no se puede comenzar a predicar de la misma manera en que el lechero empieza a llenar las botellas de leche?

¿Qué porcentaje de los oyentes se disciplinan por su propia cuenta para prestar toda su atención al mensaje desde la primera palabra?

¿Cómo se puede motivar al oyente para que preste atención?

El carpintero se sentía satisfecho al ver que había hecho una escalera formidable. Daba gusto verla. Con euforia pensó dentro de sí:

—¡Qué servicio humanitario he hecho! Ahora el que quiera podrá alcanzar la fruta tan rica y alimenticia de ese árbol hermoso.

Se acostó en la hamaca y en un dos por tres se durmió. Se acercó un anciano frunciendo las cejas.

—¡Despiértate, compadre! ¿No te das cuenta

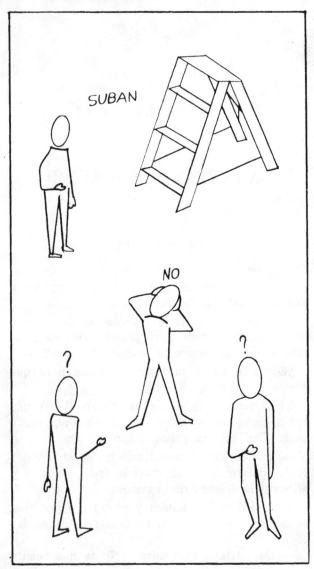

de que nadie ha subido la escalera? Todos siguen su camino con hambre; pero parece que no se dan cuenta de que con la escalera podrían alcanzar la frutica sabrosa.

—¿Qué me dices? Déjame descansar, que he trabajado mucho. ¿Acaso podré obligar a la gente a subir la escalera?

—Claro que no, compadre. Pero podrías extenderles al menos una invitación a subir para que coman la frutica.

El noble artesano hizo un gesto negativo con el índice.

—La gente puede ver que la escalera le sirve. Es fuerte. Creo que el que tenga hambre subirá.

Se dio vuelta. Al poco tiempo los ronquidos avisaron al compadre que todo era inútil. Cabizbajo, se alejó del lugar.

Esta parábola tiene, desafortunadamente, un paralelo con la actitud de muchos predicadores. Permiten que la idea romántica de que todo el auditorio está con ansias de escuchar cada palabra que pronuncian empañe su vista. Comienzan a predicar como si todo el mundo hubiera vaciado automáticamente el corazón y con dedicación estuviera llenándolo con la leche de la Palabra de Dios. Pero la realidad es otra. En este siglo de agitación los medios de comunicación alcanzan hasta los caseríos más alejados con su intento de cautivar la mente y espíritu de la humanidad. Por naturaleza somos egoístas y nos mantenemos continuamente pensando en los problemas nuestros. El predicador, por lo tanto, tiene que hacer un esfuerzo enorme para conseguir la atención de los concurrentes. La competencia por su atención es cruel y despiadada, y el mensajero que lo ignore, pierde.

Usted ve que una persona lo mira atentamente sin mover el cuerpo. Le da la impresión de que se fija en sus palabras como fascinado. Pero si tuviera algún aparato con qué descubrir las actividades mentales de ese oyente, se sorprendería al ver que tal persona piensa en asuntos lejanos. Le preocupa el trabajo que tiene que hacer mañana. Recuerda la cuenta que no ha podido pagar. Siente tristeza por la enfermedad de la madre. Se acuerda de un artículo que leyó ayer. Se molesta con el calor que hace. Tiene deseos de apagar esa música infernal que vomita la casa de al lado. Se fija en la avispa que vuela encima de la cabeza de la señora sentada delante de él. Mira la hilacha en el cuello de la camisa del predicador. Se ve que usted no logró captar la atención de ese oyente, aunque él no daba señas de ello.

Para resolver este gran problema de la conquista de la atención del auditorio desde el principio del sermón, hay que valerse de la introducción. Otro servicio que presta esta primera parte del mensaje es servir de vía por la cual se presenta el tema del mensaje. Tiene que tener la introducción, por lo tanto, una relación clara con el tema.

Aunque lo primero que se da a los oyentes es la introducción, es lo que se deja para lo último en la preparación. Por tal razón no se ha considerado antes en este estudio. Pero no por eso deja de tener una importancia primordial. No se prepara en el principio por el mismo motivo que el arquitecto que se sienta a trazar el plano de un edificio no comienza a preocuparse por el color de la puerta de entrada. Le toca resolver primero cuestiones básicas en cuanto a la forma general de la estructura. Pero eso sí, llega el momento en que tiene que ocuparse con las características de la puerta de entrada. ¡Qué me dice de una casa sin puerta!

¿De qué se puede valer el predicador para cautivar la atención y a la vez presentar el tema en forma interesante? Menos mal que la lista de posibilidades al alcance de todos es larga. 1. Tenemos la opción de emplear *una ilustración*. Se puede usar cualquier clase de las que se mencionaron en el Capítulo V, siempre y cuando tenga una relación directa con el tema y llame de veras la atención. Puede ser una anécdota, una parábola, un objeto que se muestra, una lámina, una gráfica. Las ayudas visuales son muy aceptables para la introducción porque ayudan a los concurrentes a abandonar sus preocupaciones y pensamientos ajenos ya que apelan no solamente al oído sino también a la vista.

2. Es muy eficaz, también, *el interrogante*. Ya se ha dicho que uno se siente obligado a pensar en una respuesta cuando se le dirige una pregunta. La actividad mental que surge como resultado de lanzar un interrogante se encauza hacia el tema del mensaje. Hay que hacer preguntas que estimulen a los oyentes a pensar sobre algo relacionado con el tema. No está fuera de orden pedirles que contesten en voz alta. El resultado es un gran despertamiento sobre el tema.

3. Existe la posibilidad de comenzar con un *evento o suceso* de la actualidad. Si ha habido algún acontecimiento notable en el barrio últimamente, es fácil llamar la atención de todos con

mencionar el caso. Si ha habido en el país alguna catástrofe, o se aproxima una fiesta patria,
todo el mundo lo tiene en mente y así se puede
aprovechar para presentar el tema del mensaje
si es que tiene relación.

4. Mencionar *algo fuera de lo común* es otra
manera de llamar la atención. La naturaleza humana siempre se interesa en lo raro. Claro que
hay que tener cuidado con esta clase de introducción porque puede presentarse el peligro de in-
trigar tanto a la gente con la rareza del caso que
en eso sigan pensando en vez de seguir el desarrollo del mensaje.

5. Se puede introducir el tema por medio de
un dicho o un proverbio. El castellano está reple-
to de dichos interesantes que encierran verdades
prácticas. Todos los empleamos. Cuando se usan
con moderación y gusto, dan sabor a la conversación. Precisamente por eso sirven para llamar
la atención del auditorio y a la vez presentar un
tema.

6. El pueblo hispanoamericano se interesa en
la poesía. Como en todas las demás maneras de
hacer una introducción, hay que seleccionar bien
la poesía para que se vea la relación de ella con el
tema del mensaje.

7. Puede servir *una experiencia personal,* si se
narra bien y no entra en muchos pormenores. La
naturaleza humana se interesa en lo que sucede
en la vida de los demás. Si el incidente es llamativo y es algo con que se puede identificar el
auditorio a la vez que se relaciona con el tema,
será una introducción estupenda. No tenga reparo
en utilizarla. Poco interés, en cambio, tendrá la
gente en oír un relato de cómo usted estaba pre-

ocupado por la selección de un tema para la ocasión.

Aunque se ha hecho ya alusión a varias de las cualidades que debe tener una buena introducción, vamos a enumerarlas aquí en forma clara. 1. La introducción que sirve va a ser llamativa. Interesará al auditorio. 2. Tendrá la buena introducción una relación clara y directa con el tema del mensaje. 3. No debe ser lo mejor del mensaje porque así prometería más de lo que dará el mensaje. 4. Ha de ser breve, porque no es el cuerpo. No es la casa sino la puerta.

Debido a que la introducción tiene las dos funciones vitales de presentar el tema y llamar la atención, es recomendable que se escriba detalladamente para poder trabajar con cada palabra y buscar la mejor redacción posible. Se debe escribir en una hoja separada de papel. Luego es bueno revisarla varias veces para pulirla bien. Hay que usar el machete sin misericordia mientras se revisa. Debe preguntarse: ¿Va a llamar la atención de los oyentes más envueltos en sus propios problemas? ¿Habrá mejor manera de conquistar la atención del auditorio? ¿Tiene esta introducción todas las cualidades de un buen comienzo? ¿Se podrá ganar la competencia con la avispa y la música infernal por la atención de los concurrentes?

Después de preparar bien la introducción el predicador puede descansar. Ha terminado casi la tarea. Lo que debe hacer es poner todos los papeles a un lado. Luego un día antes de predicar el mensaje, sería muy provechoso pasar todo en limpio. Empiece escribiendo detalladamente la introducción. Siga con el bosquejo del cuerpo del mensaje incluyendo en forma nítida las ilustraciones. Termine copiando la conclusión en la forma que usted piensa dar fin al sermón. Está listo para cumplir con el mandato del Comandante en Jefe.

TAREAS Y ACTIVIDADES

1. Prepare otro mensaje. Escriba los cuatro factores determinados en el encabezamiento del trabajo. Prepare dos posibles introducciones para el mensaje.

2. Algunos alumnos leerán a la clase las introducciones que prepararon. Se deben analizar con toda objetividad y realismo frío. Deben preocuparse mucho en decidir que si hay potencial para despertar interés en el tema.

3. Conteste las tres preguntas al principio del Capítulo VIII.

Bosquejo de los capítulos
La escalera de la predicación

VII. LA INTRODUCCION

A. Su importancia

   1. Hay competencia por la atención del oyente

   2. Puede conquistar la atención

   3. Presenta el tema

B. Su lugar cronológico en la preparación

C. Maneras de hacer una introducción
   1. Con una ilustración
   2. Con un interrogante
   3. Con un suceso de la actualidad
   4. Con algo fuera de lo común
   5. Con un refrán
   6. Con una poesía
   7. Con una experiencia personal

D. Características de una buena introducción
   1. Llamativa
   2. Relacionada de una manera obvia con el tema
   3. Menos brillante que el resto del mensaje
   4. Breve

E. Recomendable su preparación por escrito

8

La superación del carpintero

CAPITULO VIII

LA SUPERACION DEL CARPINTERO

¿Por qué se le toleran cosas a un niño que serían motivos de disgusto si un adulto las hiciera?

¿Qué diferencia hay entre una persona que padece de la anemia física y una que está espiritualmente anémica?

¿Qué diría usted de un hombre que pasa el tiempo quejándose de sus padres porque no le ayudaron a estudiar cuando era pequeño?

A. *La necesidad de tener un deseo de superarse*

Cuando era niño teníamos en el patio de nuestra casa una mata de plátano que floreció. Pero no comimos plátanos de esa mata. Los que nacieron llegaron a un largo de unos ocho centímetros y dejaron de crecer. Así permanecieron por largos días sin crecer más ni madurarse. Al fin se cayeron al suelo. En el principio nadie se disgustó al ver los platanitos tan chiquitos, pero al paso del tiempo la actitud nuestra cambió por completo.

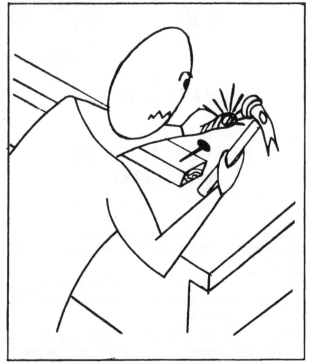

El hecho de que un niño no camine a los siete meses no le preocupa a nadie, pero si no comienza a caminar aún a los tres años, llega a ser un pesar para toda la familia. Así es con cualquier comienzo que intenté una persona en un oficio o carrera. La primera vez que un hombre entra a un taller de carpintería y toma un serrucho en la mano, no se espera que produzca ninguna obra de arte. Si la tabla no queda bien cuadrada, el patrón comprenderá que le falta la práctica. Pero el mismo patrón va a ser más exigente con el paso del tiempo.

Podemos comenzar a predicar con muy poca capacidad. Si lo hacemos sin preparar nada, sin poner orden en las ideas, no hay necesidad de adquirir un complejo de inferioridad, ni que nos castiguen. Pero si persistimos en lo mismo y no nos esforzamos por superarnos, cambia el cuadro. Lo que no era una falta grave en el principio llega a serlo a la medida que pasan los días.

Hay personas que padecen de la anemia física que aun no están conscientes del problema. Sus amigos ven que están pálidas y les sugieren que se hagan algún examen médico. Si estas personas anémicas no habían hecho nada para remediar su situación antes, se les puede excusar porque no sabían que estaban enfermas. Pero después de que están conscientes de que padecen de la anemia, tienen la responsabilidad de tomar medidas. Si el médico les aconseja que coman vegetales ricos en hierro para el fortalecimiento del organismo y no lo hacen, más reprochable llega a ser su actitud.

La anemia espiritual se parece a la física en que produce una debilidad deplorable, pero los síntomas son más difíciles de discernir. El que verdaderamente desea saber cuál es su condición puede mirarse en el espejo de la Palabra de Dios y con la ayuda del Espíritu Santo verá si hay palidez. Si hay, no es necesario ser presa del pánico, ya que existen remedios eficaces. El mayor problema es tomar la determinación de seguir el tratamiento.

Aun si no estamos enfermos, tenemos la oportunidad de alcanzar mayores fuerzas y crecimiento. No vayamos a quedar conformes, pues, con el nivel que hayamos alcanzado como predicadores.

Si empezamos con poco o con mucho, ya pasó el comienzo. Lo que nos resta ahora es hacer el propósio firme e inquebrantable de seguir creciendo. Bien se sabe que cuanto más fuertes, más útiles seremos para Dios.

B. *La superación espiritual*

Hay dos fases de la superación espiritual: negativa y positiva. En el lado negativo hay ciertas tendencias contra las cuales el predicador tendrá que luchar hasta terminar la vida terrenal. Este mismo estudio de la homilética puede llegar a dañar la actitud suya si no se esfuerza para cuidar su propio corazón. Es tan fácil permitir que surja una costumbre de criticar destructivamente todo lo que hacen los demás. Uno estudia cómo organizar un mensaje, y ¿qué resulta? Cuando oye a otro predicador lo primero que hace es observar todos sus defectos. Con el tiempo tal práctica empieza a tomar un "color" de desprecio, de intolerancia. Se olvida uno de sus propias necesidades espirituales. Se convierte en un crítico-asesino sin darse cuenta. Todos tenemos que luchar fuertemente en contra de esta tendencia tan perjudicial para nuestro propio bienestar espiritual y para el mantenimiento de los lazos de amor cristiano. Una buena manera de llevar a cabo esta lucha es acostumbrarse a mantener un espíritu de oración mientras otro predica. Qué bueno es tener un deseo de ayudar al compañero en vez de menospreciarlo. Otro remedio para el espíritu de crítica negativa es cultivar un deseo de oír a Dios. El Eterno nos puede hablar a través de la predicación de otro a pesar de mil errores de la homilética que cometa éste.

La segunda tendencia contra la cual hay que

vigilar constantemente es tomarle gusto a estar ante el público. Si no tenemos cuidado podemos dejar a un lado la responsabilidad de cumplir con Dios para dedicarnos a ser vistos y oídos del pueblo. Cristo le dijo a Pedro que apacentara sus ovejas no por la satisfacción que recibiera de tal oficio sino por un amor hacia su Señor y Dueño.

Una tercera tendencia que si no se combate puede llegar a ser fatal es el desánimo. Todos lo hemos experimentado. Todos soñamos con predicar a multitudes. Nos agrada cuando vemos que los oyentes nuestros toman decisiones de cambiar sus vidas. Pero cuando tenemos que predicar a números reducidos, cuando el mensaje no sale como habíamos deseado, cuando no se ve el resultado esperado, cuando nuestras fuerzas físicas se agotan, hay que estar alerta. El desánimo destruye la fe. Es el ácido que corroe la voluntad de hierro. ¡Abajo el desánimo!

Veamos ahora el lado positivo de la superación espiritual. Debemos predicar impulsados por esa carga que Dios pone en el corazón. La idea de una carga es parte de la etimología (fondo original) de la palabra "profecía" en el hebreo. Debemos predicar porque sentimos la carga de hacerlo. Los predicadores del Antiguo Testamento, los profetas, no hablaban para ver hasta qué nivel de elocuencia podían alcanzar. Sentían urgencia de librar sus almas ante Dios, para aliviar la carga que les pesaba. Era una presión que les instaba a entregar a otros el mensaje que el Eterno les había encomendado. El que quiera crecer en el ministerio de la predicación pida a Dios que le haga sentir más cada día esa carga divina.

¿Cuál será otra manera de robustecer la predicación? Usted puede contestar sin ayuda de nadie—es por medio de la intercesión. Lo sabemos todos. Suena tan bonito hablar de un predicador que intercede. El enemigo de Dios no se asusta cuando oye a los predicadores hablar de la necesidad de la intercesión. Pero cuando ve que empiezan a dedicarse a orar y a implorar misericordia de Dios a favor de los que los rodean, Satanás declara la guerra sin tregua.

Uno de mis estudiantes de homilética llegó a la clase una vez con cara de tristeza.

—No sé qué me pasa —se quejaba—. No siento el deseo de orar como antes. Parece que me he alejado de Dios.

—No te hallas más lejos de Dios ahora. Al contrario —le contesté— bien puede ser que te hayas acercado a Dios. Te has dado cuenta de la necesidad de orar. Se ve que tienes interés en la oración, porque de otra manera no estarías preocupado por la falta del deseo de orar. El que ora solamente cuando siente el deseo no es constante en la oración. Nuestros deseos y emociones nunca son constantes, sino que fluctúan. El que ora a pesar de la falta de ser impulsado por el deseo de hacerlo, es el que crece verdaderamente.

La intercesión no es la única fase del ministerio de la oración. Hay que cultivar la costumbre de adorar al Señor. Nos fortalecemos cuando expresamos al Hacedor nuestra gratitud, lo mucho que lo amamos, lo excelso que es. En este aspecto algunos predicadores no han crecido nada. Saben pedir, eso sí. Pero alabar y adorar al Santo no es parte de su ministerio. En eso son niños. Fíjese en las oraciones que se registran en la Biblia. Una gran parte de ellas se dedica a la adoración. Se puede superar, también si uno lee la Biblia no siempre con el fin de buscar textos para su predicación sino también para alimentarse espiritualmente, de hacer aplicaciones personales de lo que lee. La Biblia no es solamente nuestra espada con que pelear, sino nuestro pan diario sin el cual nos debilitamos pronto. Dichoso el predicador que aprenda a pasar horas sagradas comiendo de la Palabra, meditando y reflexionando en cada palabra para adquirir más fuerza para sus propias luchas.

C. *La superación intelectual*

El tiempo que el carpintero emplea en su trabajo no se utiliza exclusivamente manejando las herramientas. Hay que separar una porción de ese tiempo para el mantenimiento de ellas. Qué agradable es trabajar con un serrucho bien afilado pero qué molesto tratar de manejar uno maltratado. Una de las herramientas que más emplea el predicador en su trabajo es la palabra. Por medio de la palabra se hace una gran parte de la comunicación. Pero si no hay comprensión de la palabra usada, sea de parte del oyente o de parte del predicador, o si uno entiende una cosa y el otro entiende otra cosa con la misma palabra utilizada, entonces no hay comunicación. Y si no hay comunicación, hay fracaso. El español es tan vivo, tan vasto, tan rico, que todos tenemos que entregarnos a la ardua tarea de manejar mejor los niveles de vocablos.

No es cuestión solamente de saber el significado de las palabras, sino también de dominar perfectamente la gramática. Si usted no ha tenido una preparación adecuada en este campo, no se ponga a lamentar el hecho. Dé los pasos necesarios para remediar la situación. Nunca es tarde para comenzar a superarse en la gramática. Si ya ha tenido mucha preparación en este campo, de todas maneras hace falta hacer un repaso de vez en cuando. La superación lo demanda y Dios tendrá un instrumento más útil.

La literatura ofrece posibilidades magníficas al predicador que desea superarse. Por muy inteligente que sea, es imposible desarrollar un estilo ameno y elegante sin empaparse en la literatura de su propio país y de su propio idioma. Asimile la literatura clásica del Siglo de Oro. Lea obras de renombre de su propio pueblo.

Es preciso conocer los términos que emplean los literatos cuando analizan o estudian la literatura. Se debe saber, por ejemplo, lo que significa la palabra "verso". En el idioma de Cervantes, un verso es un renglón de poesía. No se debe emplear para referirse a un párrafo numerado de la Biblia al que se le dice versículo. Se puede hablar de un verso de un Salmo ya que los Salmos son poesía, siempre y cuando se desee referir a un solo renglón. Pero en la prosa bíblica, no tiene sentido hablar del "verso 25".

La literatura evangélica tiene mucha importancia para el predicador. Debe ser lector asiduo de los libros y revistas que están escritos con alto criterio literario y espiritual. Le hace falta ver como otros se expresan. Hay que recibir nuevas ideas sobre las verdades antiguas para que los sermones siempre tengan un sabor de frescura y recién preparados.

Gracias a Dios por la literatura que ya tenemos, pero pidamos al que envió la Palabra hecha carne que levante muchos escritores más de entre nuestro propio pueblo. No olvidemos que se puede predicar por medio de la pluma. En este respecto nos tenemos que despertar. No hemos ni empezado a hacer lo que exige este siglo en que vivimos. No creamos ni por un momento que se va a solucionar el problema traduciendo obras de otros idiomas. El pueblo come mejor lo que está sazonado y aliñado a la criolla.

De vez en cuando se oye que un pastor ha dicho que tiene que presentar su renuncia porque "se le acabó el material". Sin conocer a tal persona podemos estar seguros de que ha dejado de crecer en el ministerio. No ha mantenido un propósito firme de superarse todos los días. Cierto es que se puede acabar el combustible a cualquier automóvil si el dueño no toma el tiempo y hace el esfuerzo para volver a llenar el tanque. El que dice que se le acabó el material anuncia al mundo que la Biblia se agota, que no se puede crecer en las cosas de Dios. TOTALMENTE ABSURDO. Nunca se le acabará el material a quien se esfuerza por superarse en lo espiritual y en lo intelectual.

TAREAS Y ACTIVIDADES

1. Escriba desde el principio hasta el fin, con todos los detalles y en la forma en que lo predicaría a la congregación, un mensaje sobre la tentación.

2. Haga una lista de libros evangélicos que us-

ted ha leído en los últimos seis meses. ¿Cuáles recomendaría a otro?

3. Haga una lista de los libros escritos en su propio país que usted ha leído en los últimos seis meses. (Libros no evangélicos.) ¿Cuáles le ayudaron a adquirir nuevas ideas? ¿Qué libro ayudó a dar mayor comprensión de su pueblo?

4. ¿Qué libros evangélicos se propone usted leer dentro de los próximos seis meses?

5. ¿Qué libros, aparte de los evangélicos, va a leer usted dentro de los próximos meses?

6. Conteste por escrito las tres preguntas que se hacen al principio del Capítulo IX de este estudio.

Bosquejo de los capítulos

La escalera de la predicación

VIII. LA SUPERACION DEL PREDICADOR

A. La necesidad de tener un deseo de superarse
1. Vital para todos
2. Censurable una actitud de indiferencia
3. Imposible realizar sin hacer un esfuerzo propio
4. La oportunidad al alcance de todos

B. La superación espiritual
1. La fase negativa
   a. Evitar un espíritu de criticón
   b. Evitar la posibilidad de recibir satisfacción de estar ante el público
   c. Evitar el desánimo

2. La fase positiva
   a. Sentir más la carga por entregar el mensaje divino
   b. Ser más constante en la oración intercesora
   c. Leer más la Biblia con el fin de alimentarse a sí mismo

C. La superación intelectual
   1. Enriquecer el vocabulario
   2. Entender mejor la gramática
   3. En la literatura
      a. Ayuda a desarrollar un estilo ameno en el lenguaje
      b. La necesidad de conocer los términos
      c. La literatura evangélica
      d. La oportunidad de predicar con la pluma

9

La predicación del mensaje

CAPITULO IX

LA PREDICACION DEL MENSAJE

¿Qué es más importante—la preparación del mensaje o la manera en que se predica? ¿Por qué?

¿Qué efecto tendrá el carácter del predicador sobre su predicación?

¿Qué actitud debe asumir el predicador hacia las sugerencias que le puedan ofrecer sus más allegados colaboradores?

Las industrias que venden sus productos al público gastan tiempo y recursos en un esfuerzo de presentar sus artículos con el mejor empaque posible. Han descubierto que un producto de alta calidad se vende poco si el empaque no es llamativo. Así es muchas veces con un mensaje. Puede que el predicador haya pasado muchas horas en su preparación y que tenga verdades preciosas para la congregación, pero si no se presenta en forma amena y dinámica, muchos de los oyentes no se convencerán del valor de lo que se predicó. Aunque este estudio se ha enfocado sobre la pre-

paración adecuada del mensaje, no podemos cerrar los ojos a la necesidad de tratar de superarnos en la manera de presentar el sermón. Veamos, pues, algunos puntos que tienen que ver con este aspecto de la homilética.

A. *La actitud*

Hay que presentarse ante los asistentes convencido de que Dios desea obrar en cada corazón

y de que su Palabra es potente y más penetrante
que la bala de un rifle. El buen predicador tiene
en mente que el Todopoderoso lo acompaña y por
lo tanto no da lugar a una actitud de pesimismo.
No se menosprecia a sí mismo ni pide disculpas.
Dios lo ha llamado y debe obedecer. No hay necesidad, tampoco, de lamentar el hecho de que
no se preparó bien, puesto que siempre se prepara bien. Nadie debe pararse para predicar sin
haber hecho una preparación esmerada, a menos
que se trate de un caso en que el que fue designa-
do para la ocasión no haya podido llegar. Es
contraproducente oír a uno ofrecer disculpitas
por la falta de preparar cosas que se toman del
libro más importante en el mundo y que tienen
que ver con asuntos transcendentales de toda la
eternidad. Lo que en realidad se informa al auditorio al confesar que no se preparó es que lo
que va a decir no sirve para nada. Claro que tal
actitud será correspondida con poco esfuerzo del
auditorio para dar atención. Un cirujano que pi-
diera disculpas antes de proseguir con una inter-
vención quirúrgica poca confianza inspira.

B. *La presentación personal*

El siervo de Dios no tiene que preocuparse por
estrenar ropa con frecuencia, pero sí está en el
deber de poner mucha atención al aseo de la ropa
que tiene y de su propia persona. ¿Está la ropa
limpia, bien arreglada y planchada? ¿Se ha baña-
do el predicador? ¿Está bien peinado? ¿Qué de
las uñas? ¿Tiene un pañuelo limpio? ¿Está el pelo
sin caspa? ¿Qué del aliento? Todos estos detalles
inspiran al auditorio a prestar atención, o a pensar en forma negativa sobre lo que se predica.

C. *La vista*

Si una persona se le acerca a usted diciendo que tiene que contarle algo de suma importancia, pero mantiene la mirada en el suelo, ¿qué impresión le da? Inspira confianza el que clava la vista en la persona con quien conversa. Si el predicador mira por la ventana, hacia el techo o el suelo, reciben los asistentes la impresión de que es una persona insegura de sí misma, o que va repitiendo en forma mecánica lo que predica. Es totalmente imprescindible, por lo tanto, fijarse bien en el auditorio. Los ojos tienen que acompañar la actitud de que va a decir algo de gran importancia para cada uno presente. Otro motivo para mirar continuamente a la congregación es la necesidad de observar si van comprendiendo lo que se le dice o no.

D. *La voz*

Aunque la calidad de la voz se debe en parte a la herencia, hay mucho que uno puede hacer para mejorarla. Algunos tienen la tendencia de hablar en el mismo tono y con el mismo volumen durante todo el mensaje. Nada mejor para hacer dormir a la gente. Hay que hacer un esfuerzo para variar el tono y volumen puesto que el contraste da énfasis a la idea.

Se debe procurar adaptar la voz al ambiente. En un culto al aire libre, hay que hablar en voz alta. El problema se pone serio, sin embargo, si uno levanta la voz al mismo nivel de volumen que usó al aire libre cuando predica en un pequeño salón. Si habla por un altoparlante, debe fijarse en los rostros de los oyentes para ver si hay que subir o bajar el volumen. Hay ocasiones en que el volumen del aparato está puesto tan alto que les duelen los oídos a los concurrentes. Otro consejo para el que habla por un amplificador es que mantenga a una corta distancia de la boca el micrófono para que lo entiendan mejor.

Muchos abusan de la voz por no darse cuenta de que es un instrumento delicado. Los pequeños músculos de las cuerdas vocales se cansan cuando se fuerzan continuamente. Algunos predicadores llegan a tener una voz que siempre parece ronca por el mal uso que le han dado. Una parte del problema puede estribar en la falta de respiración correcta. Se debe mantener los pulmones inflados y ejercer presión hacia arriba con el diafragma. No conviene apretar la garganta. Recuerde que la voz forma parte del patrimonio que se le ha encargado. Cuídela bien para que le preste largos años de servicio.

E. *Los ademanes*

Cada predicador tiene que buscar la manera de proyectar su propia personalidad en los ademanes que hace durante la predicación. Hay que evitar cualquier gesto exagerado para no distraer la atención del auditorio. Tampoco se debe repetir continuamente algún ademán por natural que sea. Es inconcebible que se predicara sin el uso de ningún gesto ya que el latino en la gran mayoría de los casos emplea abundantes acciones y gestos mientras conversa. No queremos dar la idea de que es una estatua el predicador. Lo ideal, pues, es una naturalidad total—ni gestos raros, ni una rigidez, ni el mismo ademán repetido mil veces. No solamente es más amena y más natural la predicación con gestos adecuados, sino que será también más comprensible. Nuestro pueblo emplea tantas señas y gestos que simbolizan palabras e ideas. ¿No ha visto a dos amigos que se encuentran a dos lados opuestos de un parque comunicándose perfectamente por señas?

F. *El juego distraído o nervioso con alguna prenda*

La lista de cosas con que juegan los predicadores mientras presentan su sermón es larga—el pañuelo, el reloj, alguna parte de la ropa, un lápiz, monedas en el bolsillo. Hay que dejar tal costumbre que nunca contribuye a la claridad ni a la espiritualidad del mensaje y siempre desvía la atención de los oyentes.

G. *Las muletillas*

Cuando se repite con frecuencia alguna palabra, frase o alabanza a Dios, se resta de la elegancia del mensaje. Algunos de los concurrentes se aburren y otros se distraen contando las veces que la muletilla se repite durante el sermón. La lista de tales palabras es interminable. Se oyen, por ejemplo, cosas como aleluya, bendito sea Dios, gloria al Señor, gracias a Dios, mejor dicho, tal vez, éste, sí sí, verdaderamente, ¿cómo se llama?, queridos hermanos, precisamente. Es absurdo oír a un predicador decir: El pecador va para el infierno . . . Gracias a Dios.

Mucho le pueden ayudar al predicador sus familiares y amigos íntimos con sus sugerencias para que se supere en su manera de presentar el mensaje. Todos hemos caído inadvertidamente en tendencias que restan del valor del sermón. Nuestros verdaderos amigos nos ayudan a que nos demos cuenta del problema. Tenemos que tener el cuidado de no ser susceptibles cuando toman la iniciativa de ayudarnos en este respecto. Debemos, al contrario, animarles a que sigan con sus sugerencias. Hay que agradecerles con toda sinceridad la bondad que han tenido.

TAREAS Y ACTIVIDADES

1. La clase puede preparar un formulario o planilla para guiarse en la evaluación de la predicación realizada por un estudiante. Nota: Nunca se debe usar tal planilla en un culto que tiene el propósito de adorar a Dios. Limítese esta actividad de crítica estrictamente a la clase. En el libro *Guía para el estudio, Homilética I*, por Luisa Jeter de Walker, página 59, se ofrece un ejemplo de un formulario de evaluación. Hay otro ejemplo en el libro *Manual de homilética* por Samuel Vila, página 191.

2. Escoger a un estudiante para que predique un sermón en clase. Los demás miembros de la clase harán una evaluación usando el formulario.

3. Lea los consejos sobre la dicción y pronunciación que ofrece a continuación Benjamín Mercado.

"Evítense los vicios de dicción que dan lugar a los vulgarismos, y pronúnciese las eses finales con claridad, como así la sílaba da y do al final de palabra. No se diga: Estamo nosotro o nojotro cansao, sino: Estamos nosotros cansados. Tampoco debe decirse jué, juí/ por fue 'y fui. No se diga nunca güeno, agüela, güella, por bueno, abuela, huella. Debe evitarse, la pronunciación de la ele en vez de la ere en vocablos como ayer, comer, señor, verdad. Es muy común en algunos países hispanos decir paquí, pallá, paqué, padónde, en vez de para aquí, para allá, para qué, y para dónde.

"Hay sílabas que son más difíciles de pronunciar que otras, como por ejemplo aquéllas en que figura el sonido erre, como en rueda, carro, Enrique, alrededor, Israel. Evítese asimismo dar al sonido erre un sonido gutural que no le corresponde. Nunca diga Puerto Jico, sino Puerto Rico. De difícil pronunciación son a veces las sílabas en que la ere y la ele se combinan con otras letras. Podría hacerse el ejercicio siguiente: Sujetando la punta de un lápiz entre los dientes, pronúnciense las siguientes sílabas: bra, bro, bru, bre, bri; tra, tro, tru, tre, tri; dra, dro, dru, dre, dri; bla, blo, blu, ble, bli, y otras. A fin de ampliar estos conocimientos, sería bueno estudiar una buena gramática."*

4. Hacer los ejercicios de voz y respiración que aparecen a continuación:

La tendencia natural es hablar en un tono de voz demasiado alto y agudo. Esto se debe en parte a la tensión nerviosa, produce más tensión en la garganta y estropea las cuerdas vocales. Un tono más bajo es más agradable al oído; no cansa tanto ni al orador ni a los oyentes. Hagan todos juntos el ejercicio siguiente para hallar el tono de voz que debe cultivar. Pónganse de pie detrás de una silla con las manos sobre el respaldo. Abran la boca bien y digan "a-a-a-" mientras se inclinen hasta tener la cabeza casi en la silla. Noten como ha ido bajando el tono. Cultiven el uso de este tono bajo en la conversación y para la predicación. Probablemente lo hallarán varios tonos más bajo que la voz acostumbrada.

Noten ahora la respiración. Pónganse de pie, bien derechos, hombros hacia atrás y con las manos cruzadas sobre el diafragma (un poco más arriba del estómago). Respiren hondamente. Si se mueven los hombros y no las manos, está respirando incorrectamente. Este modo de respirar echa a perder la voz y la garganta, además de producir la molestia de entrecortar la voz por falta de aire. Si se mueven las manos y no los hombros cuando el alumno respira profundamente, está respirando correctamente del diafragma. Cultiven todos este método de respirar para protección de su propia salud y para mejorar su ministerio.*

Bosquejo de los capítulos

La escalera de la predicación

IX. LA PREDICACION DEL MENSAJE

    A. La importancia de una buena presentación del mensaje

    B. La actitud del predicador durante la predicación

        1. Debe ser optimista

        2. Contraproducente pedir disculpas

    C. El aseo personal

    D. La vista ha de dirigirse directamente a los oyentes

Guía para el estudio. Homilética I. Luisa Jeter de Walker.

1. Para inspirar confianza
2. Para observar las reacciones de los oyentes

E. La voz
   1. La necesidad de variarla
   2. Adaptarla al ambiente
   3. La forma correcta de respirar para no dañar la voz

F. Los ademanes
   1. Evitar los que pudieran distraer la atención del oyente
   2. Deben ser naturales
   3. Pueden ayudar a comunicar la idea

G. El juego con algún objeto desvía la atención de la congregación

H. Las muletillas
   1. Restan de la elegancia de la presentación del mensaje
   2. Una lista

I. La actitud del predicador ante las sugerencias de otros

BIBLIOGRAFIA

Crane, J. D., *Manual para predicadores laicos*, (El Paso: Casa Bautista de Publicaciones, 1968)

Luce, Alice, *El mensajero y su mensaje*, (Miami: Editorial Vida)

Vila, Samuel, *Manual de homilética*, (Barcelona: CLIE, Quinta Edición, 1970)

Walker, Luisa Jeter de, *Guía para el estudio, Homilética I*, (Miami: Editorial Vida, 1963)

Nos agradaría recibir noticias suyas.
Por favor, envíe sus comentarios sobre este libro
a la dirección que aparece a continuación.
Muchas gracias.

Vida@zondervan.com
www.editorialvida.com

Printed in the USA
CPSIA information can be obtained
at www.ICGtesting.com
LVHW090020060824
787165LV00003B/7

9 780829 705492